AI와 공감각적 음악 수업

AI문고

인공지능 시대입니다. 기계가 인간의 인지를 대신하고, 사물이 인간을 통하지 않고 다른 사물과 직접 커뮤니케이션합니다. 이에 따른 인간 삶과 문명 변화를 정확히 이해 · 예측 · 대응하는 것은 이 시대 우리 모두의 과제입니다. AI문고는 인공지능 기술과 환경의 여러 주제를 10가지 키워드로 정리합니다. 관련 개념과 이론, 학계와 산업계의 쟁점, 우리 일상의 변화를 다룹니다. 인간과 기술의 현재, 미래를 세심히 분석합니다.

일러두기

- 인명, 작품명, 저서명, 개념어 등은 한글과 함께 괄호 안에 해당 국가의 원어를 병기했습니다.
- 외래어 표기는 현행 어문규정의 외래어표기법을 따랐습니다.

처음이세요?
전문가세요?

지금, 큐알 찍으면
AI 입문서 바로 선물
당신만의 필독서 추천
500권 요약본 공짜
오디오북 무료 사용

AI와 공감각적 음악 수업

양은영·양혜원

ㅋ

대한민국, 서울, 커뮤니케이션북스, 2026

AI와 공감각적 음악 수업

지은이 양은영·양혜원
펴낸이 박영률

초판 1쇄 펴낸날 2026년 2월 5일

커뮤니케이션북스(주)
출판 등록 2007년 8월 17일 제313-2007-000166호
02880 서울시 성북구 성북로 5-11
전화(02) 7474 001, 팩스(02) 736 5047
commbooks@commbooks.com
www.commbooks.com

ISBN 979-11-430-1816-8 03500

책값은 뒤표지에 표시되어 있습니다.

차례

공감각을 깨우는 음악 수업의 미래

음악 교실의 혼란, 그리고 일상이 된 AI

인공지능(AI)은 이제 이미 우리 삶의 깊숙한 곳까지 스며들어 있으며, 교육 현장에서도 거스를 수 없는 흐름이자 일상의 도구로 자리 잡았다. 하지만 음악 교육 현장에서 교사들이 체감하는 변화의 무게는 여전히 만만치 않다.

교육부와 시도 교육청에서는 연일 AI 활용 수업을 권장하는 공문을 보내고, 각종 연수를 통해 최신 기술을 소개한다. 교사들은 이러한 흐름에 발맞추기 위해 의무감 반, 호기심 반으로 수업에 AI를 도입해 보려 시도한다. 하지만 막상 수업을 진행하다 보면 근본적인 회의감에 부딪히곤 한다. 화려한 기술을 보여 주는 데 치중하다 정작 음악적 본질을 놓치는 것은 아닌지, "이것이 AI를 쓰기 위한 음악 수업인지, 음악 교육을 위한 AI 활용인지 모르겠다"는 반응이 지배적이다. 이는 단순한 불평이 아니라, 도구와 목적이 전도되기 쉬운 현 상황에 대한 음악 교사들의 날카로운 성찰이자 절실한 고민이다.

반면, 학교 밖 일반인 대상 강의에서는 사뭇 다른 풍경

이 펼쳐지기도 한다. 저자의 경험에 따르면, 중년이나 노년층 수강생들은 AI로 곡을 만드는 과정을 순수하게 즐거워한다. 본인이 직접 쓴 시에 AI로 곡을 붙여 친구들에게 공유하며 아이처럼 기뻐하고, 심지어 만든 음원을 판매해도 되는지 묻기도 한다. 이러한 활동은 분명 삶을 즐기는 도구이자 AI 리터러시를 높이는 데 긍정적인 역할을 한다. 그런데 이 수업도 단순히 AI 사용법만 알려준다면 흥미 위주의 일회성 교육에 그친다.

학교 현장에서도 사정은 다르지 않다. 교육적 관점에서 본다면, 단순히 AI로 가사를 쓰고 곡을 생성하는 방식은 1~2회성의 체험형 수업에 머무를 수밖에 없다는 한계가 분명하다. 그래서 저자들은 AI를 활용하여 기초가 없는 학생들도 음악에 흥미를 느끼게 하되, 여기서 멈추지 않고 시각화를 통해 음악의 이해를 돕고, 나아가 음악을 비평적으로 해석하는 인문학적 영역으로 수업을 확장했다. 특히 누구나 쉽게 활용할 수 있도록, SUNO STUDIO에서 제공하는 복잡한 편집 기능을 다루지 않았다. 대신 가장 기본적인 기능만으로도 음악의 형식과 구조, 악기의 음색과 특성, 장르의 특성, 가사의 운율과 음악의 리듬, 그리고 음악과 극의 긴밀성을 창작 과정에서 자연스럽게 익힐 수 있도록 했다.

한편, 일부 교사들은 AI 도입 자체에 대해 근본적인 거부감을 드러내기도 한다. 그들은 손으로 악기를 만지고, 친구들과 눈을 맞추며 합창을 하고, 오선지에 연필로 음표를 그리는 아날로그적 음악 교육이야말로 학생들의 정서 함양과 예술성 발달에 가장 적합하다고 굳게 믿는다. 거기에다가 나날이 쏟아지는 새로운 기술을 익히는 것 자체에 대한 심리적 부담감이 복합적으로 작용하며 AI 도입을 주저하게 만든다.

이 책은 바로 이러한 교실의 적막과 교사들의 한숨, 그리고 치열한 문제의식에서 출발했다. 저자들은 지난 수년간 다양한 연령층을 대상으로 AI 기반 음악 교육을 실제로 진행하며, 수강생들에게 의미 있는 변화를 끌어낸 여러 수업 모델을 축적해 왔다. 때로는 시행착오를 겪기도 했지만, 그 과정에서 학생들의 눈빛이 바뀌고 태도가 변화하는 의미 있는 순간들을 목격했다. 다만 지면의 한계로 모든 사례를 충분히 제시하지 못한 점, 현장의 생생함을 전달할 시각 자료 없이 설명하기 어려운 교수법을 모두 수록하지 못한 점은 여전히 아쉬움으로 남는다. 그럼에도 이 책이 음악 교육의 새로운 가능성을 엿보는 출발점이 되기를 기대한다.

음악 교육의 장벽: 소외와 격차

음악 교육의 이상적인 모델을 외국어 교육에 비유해 보자. 외국어를 배울 때 듣기(Listening), 말하기(Speaking), 쓰기(Writing)가 균형 있게 이루어져야 비로소 언어를 온전히 구사할 수 있다. 음악 교육 역시 마찬가지다. 감상(Appreciation), 연주(Performance), 작곡(Composition)이 유기적으로 연결될 때 비로소 그 효과가 온전히 발휘된다.

다만 이러한 유기적 연결이 가능해지려면 상당한 수준의 숙련 과정이 전제되어야 한다. 에드워드 사이드(Edward Said)는 저서 《평행과 역설》(2002)에서 음악이 연주자에게 고통을 감내하는 오랜 육체적 · 정신적 훈련을 요구한다고 역설했다.

그런데 냉정하게 한국의 현실을 들여다보면, 입시 위주의 교육으로 인해 음악 수업이 뒷전으로 밀려난 상황에서, 학생들의 음악적 이해도는 개인적인 사교육 경험 유무에 따라 그 격차가 크게 벌어져 있다. 이러한 상황에서 악보를 읽고 쓰는 훈련이 되어 있지 않은 학생들에게 '창작'은 언제나 가장 넘기 어려운 장벽이었다.

AI 창작에서 저작권과 윤리적 책임

AI를 활용한 창작은 필연적으로 저작권과 윤리적 문제를 동반한다. 과거의 거장들은 타인의 음악을 자유롭게 차용했지만, 현대 사회에서 음악은 법적으로 엄격히 보호받는 창작물이다. 특히 현행 저작권법은 '저작물'을 '인간의 사상 또는 감정을 표현한 창작물'로 규정하고 있다. 이에 따라 최근 한국음악저작권협회는 신규 저작물 등록 시 AI를 사용하지 않았음을 보증하는 절차를 도입했으며, AI가 100% 생성한 곡은 원칙적으로 등록이 불가능하다는 방침을 세웠다(변인호, 2025). 실제로 가수 홍진영의 노래를 만든 작곡가 '이봄'이 인간이 아닌 AI로 밝혀지자 저작권료 지급이 중단된 사례는 기술과 제도가 충돌하는 현주소를 적나라하게 보여 준다.

최근 미국 레코드산업협회(RIAA)가 워너뮤직, 유니버설뮤직, 소니뮤직을 대표해 수노(Suno)와 유디오(Udio)를 상대로 저작권 침해 소송을 제기한 것 또한 이러한 맥락이다. 하지만 찰리 XCX, 마돈나 등이 소속된 워너뮤직이 유디오와 계약을 체결하며 소송을 해결한 사례는(이재은, 2025), 이 갈등이 단순한 법적 공방을 넘어 합법적인 학습 데이터 확보와 수익 배분을 위한 라이선스 계약 단계로 진입했음을 시사한다.

문제의 핵심은 '블랙박스(Black Box)'다. 창작자가 AI 활용 사실을 숨길 경우, 완성된 결과물 속에 어떤 데이터가 얼마나 섞여 있는지, 인간의 기여도가 어느 정도인지 명확히 판별하기 어려운 영역이 존재한다. 이는 과거 인터넷 초창기 '소리바다' 사태가 음원 시장의 대혼란을 불러온 뒤 스트리밍 서비스와 '사적 복제 보상금(levy)'이라는 사회적 합의를 도출했듯, AI 음악 역시 기술 발전과 법적 규제 사이에서 격동의 과도기를 지나고 있음을 시사한다.

따라서 교사는 수업 시간에 단순히 "AI로 이렇게 멋진 곡을 만들 수 있어"라고 감탄하는 데 그쳐서는 안 되며, 학생들에게 명확한 가이드라인을 제시해야 한다. 첫째, 수업 시간에 만든 AI 결과물은 원칙적으로 교육용으로만 사용하고, 무단으로 온라인에 공개하거나 공연하지 않도록 지도해야 한다. 둘째, 만약 학생들이 결과물의 공개나 공연을 원한다면, 저작권 보호 기간이 만료된 클래식이나 공유 저작물(Public Domain)을 차용하여 법적 분쟁의 소지를 없애야 한다. 셋째, 어떤 데이터를 참고했는지 명확히 출처를 밝혀 표절이 아님을 가르쳐야 한다. 저작권은 타인의 권리를 존중하는 태도에서 시작되며, 이는 AI 시대 예술 교육에서 기술 습득보다 더욱 우선되어야 할 가치다.

AI를 활용한 고전의 재발견

과거의 클래식 음악의 거장들부터 현대의 K-pop에 이르기까지, 기존 곡의 멜로디나 화성, 리듬을 '재료'로 삼아 새로운 곡을 탄생시키는 것은 시대를 관통하는 창작 방식 중 하나였다.

바흐는 가히 '재활용의 달인'이었다. 그는 자신의 칸타타(BWV 12, 29) 멜로디를 최후의 걸작 《B단조 미사곡》의 합창 부분에 가사만 바꿔 사용했다. 심지어 《크리스마스 오라토리오》의 장엄한 합창곡 역시, 이전에 작곡했던 세속 칸타타의 멜로디를 거의 그대로 가져왔다. 여기에는 현실적인 이유도 있었다. 바흐는 두 번의 결혼을 통해 얻은 20명의 자녀를 부양해야 했던 가장이자, 교회에서 매주 새로운 칸타타를 작곡해 올려야 했던 바쁜 직장인이었다. 틈틈이 커피하우스에서 연주까지 해야 했던 그에게, 검증된 자신의 곡을 다시 쓰는 '자기 인용'은 생계형 음악가의 지혜로운 생존 전략이었을지도 모른다.

슈베르트 또한 가곡 〈송어〉와 〈죽음과 소녀〉의 멜로디를 가져와 각각 피아노 5중주와 현악 4중주의 핵심 악장으로 발전시켰다. 라벨(Maurice Ravel)은 18세기 프랑스 음악의 거장 쿠퍼랭에게 헌정하는 마음을 담아 바로크 양식을 현대적으로 되살린 모음곡 《쿠퍼랭의 무덤(Le Tombeau de Couperin)》을 남겼으며, 파가니니의 〈라 캄파넬라〉 멜로디는 리스트, 브람스, 라흐마니노프의 손을 거쳐 각각 연습곡, 변주곡, 랩소디라는 서로 다른 장르로 거듭나기도 했다.

이러한 흐름은 현대 K-pop에서도 쉽게 찾아볼 수 있다. 레드벨벳의 〈Feel My Rhythm〉은 바흐의 〈G선상의 아리아〉를, 블랙핑크의 〈Shut Down〉은 파가니니의 〈라 캄파넬라〉를 핵심 모티프로 사용했고, (여자)아이들의 〈Nxde〉는 비제의 〈하바네라〉를 변주해 곡의 정서를 완성했다.

과거에는 작곡가들이 선배들에게 존경의 마음을 표하는 '오마주'로서 멜로디를 자유롭게 차용하곤 했다. 하지만 앞서 살펴보았듯 오늘날의 현실은 다르다. 현대 사회에서 타인의 창작물을 허가 없이 사용하는 것은 명백한 저작권 침해이자 비윤리적인 행위로 간주되며, 법적인 제재를 받게 된다. 따라서 우리는 과거 거장들의 차용 방식을 단순한 '복제'가 아닌, 새로운 가치를 부여하는 '재창조'의 관점에서 이해해야 한다.

현대 음악의 거장 스트라빈스키 또한 비슷한 사연을

가지고 있다. 러시아 혁명으로 고국에서의 재산을 모두 잃고 파리로 망명해 생계가 막막했던 그는, 돈을 벌기 위해 기획자 디아길레프의 제안을 받아들여 18세기 작곡가 페르골레시의 음악을 편곡하는 일을 맡게 되었다. 처음에는 내키지 않았던 이 작업은 그를 완전히 새로운 세계로 이끌었다. 그는 발레 곡 〈풀치넬라(Pulcinella)〉를 작업하며 과거의 멜로디에 현대적인 화성과 리듬을 입히는 과정에 매료되었고, 결국 이 '생계형 수락'이 20세기 음악의 중요한 흐름인 '신고전주의' 양식을 확립하는 계기가 되었다. 이처럼 진정한 차용은 원곡을 그대로 베끼는 표절이 아니라, 창작자의 독창적인 해석을 더해 새로운 생명을 불어넣는 과정이어야 한다.

AI 도구는 학생들이 이러한 '재창조의 과정'을 안전하고 효과적으로 체험할 수 있게 돕는다. 저작권이 만료된 고전의 멜로디를 가져와 현대적인 리듬과 화성을 입혀 보며, 과거의 유산이 어떻게 새로운 생명력을 얻는지 실험해 볼 수 있다. 발라드곡을 댄스곡으로, 클래식을 재즈로 편곡해 보는 과정에서 학생들은 고전을 박제된 유물이 아닌 살아있는 재료로 인식하게 된다. 이것이야말로 AI 시대를 살아가는 우리가 윤리적인 틀 안에서 고전을 진정으로 재발견하고, 나아가 자신만의 독창성을 기르는 건강한 창작 연습일 것이다.

공감각을 깨우는 새로운 뮤즈, AI

인간은 오감을 통해 세상을 인식하고 경험한다. 이때 하나의 감각 자극이 다른 감각을 불러일으키는 현상을 '공감각'이라 하며, 이는 미적 지각의 중요한 근원이 된다. 예술가들은 오래전부터 이러한 공감각적 경험을 창작에 활용해 왔다. 무소륵스키, 쇤베르크, 칸딘스키, 파울 클레 등은 음악과 시각 예술을 넘나드는 작품을 남기며 감각의 경계를 허물었다.

우리는 흔히 음악 감상을 수동적 행위로 생각하지만, 실제로 음악 감상은 송신자가 부호화한 음악적 메시지를 청자가 해독하는 능동적 과정이다(Reimer & Wright, 1992). 이 과정은 듣기(listening), 이해하기(understanding), 느끼기(feeling)라는 순서를 거쳐 이루어진다(주대창, 2024). 그러나 음악을 능동적으로 감상하는 능력은 하루아침에 길러지지 않으며, 오랜 시간 꾸준한 훈련이 필요하다.

음악의 직관적인 이해를 돕기 위해 교육 현장에서는 음악을 미술과 연결하는 공감각적 학습 방법을 시도해 왔다. 예컨대 음악의 빠르기나 셈여림을 색이나 선의 굵

기로 표현하는 활동, 악기 음색을 색채와 연결하여 시각화하는 활동 등이 대표적이다. 실증 연구에 따르면 시각적 자극을 접목한 음악 학습은 학생들의 이해도와 참여도를 높이는 데 유의미한 효과가 있다(이영화 · 석승민, 2017). 다만 그림 실력이 부족한 학생에게는 여전히 표현에 한계가 있다.

그러나 AI 기술의 발달로 이러한 제약을 넘어설 수 있는 새로운 가능성이 열렸다. 학생들은 AI를 활용해 음악을 그림, 영상, 이야기 등 다양한 형태로 변환하여 표현할 수 있다. 이처럼 공감각적 예술 경험은 여러 감각을 통합하여 새로운 예술적 사고와 표현 능력을 길러 주며(김향미 외, 2024), 나아가 상상력과 창의성, 표현력을 확장할 수 있다(김정희, 2012).

저자는 이공계 대학생을 대상으로 AI를 활용해 음악을 그림으로 표현하는 수업을 진행한 바 있다. 평소 학생들에게 "음악을 듣고 느낌을 말해 보라"라고 하면 수줍어서 좀처럼 입을 열지 않던 학생들이, "어떤 프롬프트를 써서 원하는 그림을 생성했나요?"라고 질문을 던졌더니 자신의 느낌과 의도를 자연스럽게 얘기하게 되었다. 저자는 의도하지 않았는데 AI가 매개가 되어 학생과 깊은 감성적 대화를 나누게 된 것이다.

또한 저자가 진행한 현대 음악 수업에서 소리를 그래픽 스코어(Graphic Score)로 표현해 보게 했을 때, 이 활동은 학생들이 추상적인 개념을 제대로 이해했는지 파악하는 데 큰 도움이 되었다. 예컨대 불협화음이 뭉쳐 있는 '음뭉치(Tone Cluster)' 기법을 설명할 때는 부서진 과자 조각으로 시각화하게 하거나 '음색 선율(Klangfarben-melodie)' 기법을 설명할 때는 색색의 과자를 사용하여 각 음마다 달라지는 악기의 음색을 시각적으로 표현하게 했다. 이 외에도 작곡가가 영감을 받은 시의 단어를 카드에 적고 이를 몸으로 표현하는 마임 게임을 진행해 보았다. 이러한 게임들은 학생들 간의 서먹함을 없애는 '아이스브레이킹' 역할을 하며, 놀이처럼 즐기는 과정에서 자연스럽게 학습 내용을 체화하는 데 도움이 되었다.

이처럼 공감각을 활용한 교육은 보이지 않는 음악을 구체적으로 이해하게 하는 강력한 도구가 된다. 이 책은 이러한 공감각적 확장을 수업의 핵심 원리로 삼는다. 무엇보다 중요한 것은, 학생들이 음악 수업에 대해 '즐거운 기억'을 가지고 졸업하는 것이다. 그 즐거운 기억이야말로, 그들이 학교 문을 나선 후에도 평생 음악을 곁에 두고 즐기며 살아갈 수 있게 하는 가장 강력한 동력이기 때문이다.

이 책의 구성과 주요 학습 활동

이 책은 독자들이 AI 음악 창작의 원리를 깊이 있게 이해하는 것에서 출발하여, 도구를 능숙하게 다루는 기술적 숙련을 거쳐, 마침내 자신만의 예술적 프로젝트를 완성할 수 있도록 이론(이해)-실습(기능)-확장(감각)-통합(창조)의 4단계로 구성했다.

AI 작곡의 이해와 역사적 맥락(1~2장)

1부에서는 AI 작곡의 본질과 역사적 뿌리를 탐구한다. 1장에서는 인간 작곡가와 AI의 작곡 과정을 비교 분석한다. 인간이 추상적인 아이디어를 구체적인 형식, 악기, 장르로 설계해 나가듯, AI 시대의 창작자 역시 '프롬프트'라는 언어를 통해 자신의 의도를 논리적으로 설계해야 함을 강조한다. 단순히 키워드를 나열하는 것을 넘어, 원하는 음악적 결과를 얻기 위해 구조를 설계하는 작곡가적 사고방식을 기르는 것이 목표다. 2장에서는 AI 음악이 어느 날 갑자기 하늘에서 떨어진 기술이 아님을 밝힌다. 고대 피타고라스의 수학적 음악론부터 시작해, 주사위를 굴려 음악을 조합했던 모차르트의 '음악적 유희(Musikalisches Würfelspiel)', 1957년 일리노이 대학의 슈퍼컴퓨터가 만든 최초의 AI 음악 〈일리악 스위트

(Illiac Suite)〉, 그리고 현대의 딥러닝 기술에 이르기까지, 음악과 기술이 맺어온 오랜 관계를 조망한다. 이를 통해 독자들은 AI를 막연한 두려움의 대상이 아니라, 음악적 논리와 수학적 사고가 진화한 결과물로 이해하게 된다. 또한 AI가 인간의 조수 역할을 넘어 완성된 곡을 만들어 내는 '위촉 작곡가' 수준으로 발전했지만, 기존 데이터를 학습하여 재구성하는 특성상 베토벤처럼 시대를 초월하는 혁신적인 창의성을 발휘하는 데는 근본적인 한계가 있음을 냉철하게 짚어본다.

AI 도구 완전 정복 (3~6장)

2부는 현재 가장 널리 쓰이는 AI 음악 생성 도구인 SUNO와 오디오 편집 도구 GAUDIO STUDIO를 활용한 실전 가이드다. 3장과 4장에서는 SUNO의 인터페이스를 익히고 'Simple 모드'를 통해 텍스트가 음악으로 변환되는 과정을 체험한다. 단순히 곡을 만드는 것을 넘어, 어떤 프롬프트가 어떤 결과를 낳는지 실험하며 AI와의 소통 방식을 익힌다. 5장에서는 한 단계 더 나아가 'Custom 모드'를 정복한다. 가사를 직접 쓰고, [Verse], [Chorus], [Intro]와 같은 메타태그를 활용해 곡의 형식과 구조를 직접 설계하는 법을 배운다. 또한 보컬의 성별, 악기 편성,

분위기를 정교하게 제어하며 '우연'이 아닌 '의도'가 담긴 곡을 만드는 훈련을 한다. 6장은 오디오 편집기인 Gaudio Studio와 SUNO를 동시에 사용하는 편곡 방법을 다룬다. 기존 음원에서 보컬이나 반주를 분리하는 '스템 분리(Stem Separation)' 기술을 활용하여 음악적 재료인 '씨앗(Seed)'을 추출하고, 이 씨앗을 다시 AI에 심어 멜로디를 바꾸거나 장르를 변형시키는 과정을 통해, 학생들은 화성학이나 대위법, 오케스트레이션을 몰라도 편곡의 묘미를 경험하게 한다.

공감각적 확장과 비평적 재해석 (7~8장)

3부에서는 앞서 익힌 기술을 인문학적 상상력과 결합하여 예술적 깊이를 더한다. 7장은 드뷔시와 쇤베르크가 각기 다른 언어로 그려낸 '달과 피에로'를 소재로 한다. 서로 다른 음악을 감상한 뒤, 그 느낌을 즉흥 마임(신체)과 AI 이미지 생성(시각)으로 변환해 보는 공감각적 활동을 수행한다. 보이지 않는 소리를 이미지와 몸짓으로 치환하는 과정에서 학생들의 상상력은 극대화된다. 8장은 슈만의 연가곡 〈여인의 사랑과 생애〉를 비평적으로 재해석한다. 먼저 시어의 의미가 음악적 요소로 어떻게 표현되는지 가사와 음악의 긴밀한 관계를 분석하고, 곡의 형식과 분위기(Mood)를 파악하여 이를 AI 프롬프트로 변환해 본다.

나아가 19세기 남성 작곡가의 시선으로 이상화된 수동적인 여성 서사를 비판적으로 고찰하고, 이를 21세기를 살아가는 현대 여성의 주체적인 목소리로 다시 써보는(rewriting) 창작 활동을 수행한다. 단순히 가사만 바꾸는 것이 아니라 가사에 맞게 장조(Major)와 단조(Minor), 분위기(Mood) 태그를 배치하여, 가사의 정서적 흐름을 음악적 구조로 구현해 본다.

공감을 키우는 종합예술 프로젝트 (9~10장)

마지막 4부는 모든 학습을 종합하여 구체적인 극음악 프로젝트를 완성한다. 9장은 '학교폭력 예방'을 주제로 한 단편 뮤지컬 제작 수업이다. 먼저 〈로미오와 줄리엣〉을 다룬 세 가지 다른 작품(오페라, 뮤지컬 등)을 비교하며, 음악 스타일이 극의 정서에 미치는 영향을 분석한다. 또한 가사의 구조적 리듬(Natural Language Rhythm)이 AI의 작곡 결과에 어떤 변화를 주는지 실험하여, AI가 텍스트를 음악으로 해석하는 원리를 체득한다. 학생들은 이를 바탕으로 타인의 아픔에 공감하는 시놉시스를 구상하고, 창작 의도를 프롬프트로 정교하게 구현하여 공감과 치유의 메시지를 전하는 '에듀 드라마'를 완성한다. 10장은 이 책의 마침표가 되는 '자서전 앨범' 프로젝트다. 베를리오즈의 '고정 악상', 바그너의 '라이트모티브' 같은 서사적 작곡 기법을 활용해 부모님이나 존경하는 인물의 삶을 음악으로 기록한다. 인터뷰를 통해 삶의 결정적 순간들을 포착하고, 이를 음악적 모티브로 연결하여 하나의 거대한 인생 드라마를 앨범으로 엮어내는 과정은 타인의 삶을 깊이 이해하고 공감하는 감동적인 여정이 될 것이다.

이 책에 소개된 모든 교수법은 완결성 높은 결과물을 만들어 내는 것보다 그 과정에서 학생들이 경험하는 창조의 즐거움, 사고의 확장과 정서적 성장을 더 중요하게 여긴다.

상상력에 날개를 단 일상 속 '생활 음악'

AI는 인간의 감성을 대신할 수 없다. 그러나 인간의 감각을 확장하고 상상력을 자극하는 강력한 동반자가 될 수는 있다. 이 책이 제안하는 공감각 기반 AI 음악 수업은 단순히 AI를 '한 번 체험해 보는' 일회성 활동이 아니다. AI를 매개로 작품을 비평적으로 수용하고, 그 안에 담긴 타인의 삶과 예술 세계를 이해하며, 나아가 자신의 세계를 새롭게 표현하는 교육적 확장을 지향한다.

저자들은 이러한 교육적 시도가 예술을 통해 감성적 충동과 이성적 형식을 조화시켜 전인적 인간을 완성하고자 했던 프리드리히 실러의 미학적 교육론과 맞닿아 있다고 믿는다(Schiller, 1795/2012). 기술(이성)과 예술(감성)이 만나는 이 지점에서, AI는 우리의 인문학적 소양을 함양하고 내면을 성장시키는 새로운 도구가 될 수 있다.

우리는 흔히 '생활 체육'이라는 말은 자연스럽게 쓰지만, '생활 음악'이라는 말은 낯설게 느낀다. 악기를 연주하거나 곡을 쓰는 창작의 영역은 여전히 높은 진입 장벽 뒤에 있었기 때문일 것이다. 하지만 AI 기술은 나날이 발전하며 그 벽을 허물고 있다. 사용자 편의성이 개선되고 정교한 맞춤 설정(customization)이 가능해지면서, 이제는 누구나 일상 속에서 음악으로 자신을 충분히 표현하고 타인과 공유하는 진정한 '생활 음악'의 시대를 맞이하고 있다. 따라서 이 책에서 말하는 '교실'은 학교나 문화센터라는 물리적 공간에 한정되지 않는다. 컴퓨터나 모바일 기기를 켜고 AI와 마주하는 순간, 당신의 방이나 거실은 곧바로 세상에서 가장 창의적인 음악 교실이 된다.

부디 이 책이 변화의 시기를 마주한 선생님들께 작은 영감을 드리고, 우리 모두의 음악 교실이 더욱 풍부하고 열린 방향으로 나아가는 데 도움이 되기를 바란다.

참고문헌

김정희(2012). “융합인재교육(STEAM) 관점에서 미술교과의 공감각(synesthesia) 교육에 대한 논의”. 《미술교육연구논총》, 32, 125~144쪽.

김향미 외(2024). “시각의 청각화 – 청각의 시각화를 통한 융합예술교육 방법론 연구: 무소르그스키의 〈전람회의 그림〉을 중심으로”. 《문화산업연구》, 24(1), 133~141쪽.

변인호(2025.5.30). “AI 음악저작권, 법과 제도 명확하지 않아 신중하게 접근”. IT 조선.

이승원·이승연(2017). “초등학교 5~6학년을 대상으로 한 공감각 융합인재교육(STEAM) 프로그램”. 《예술인문사회 융합 멀티미디어 논문지》, 7(2), 875~882쪽.

이영화·석승민(2017). “공감각의 인지요소 중 시각적 촉감에 관한 연구: 20세기 대표 미술작품을 사례로”. 《조형미디어학》, 20(1), 157~167쪽.

이재은(2025.11.20). “워너뮤직, AI 음악 스타트업 유디오와 라이선스 계약”. 조선비즈. https://biz.chosun.com/it-science/ict/2025/11/20/4FG3E4IDTNGEVAFN7WLQ7EXOQE/

이태수(2025.4.1). “늘어나는 인공지능 음악… ‘AI 안 썼다’ 보증해야 저작권 등록”. 연합뉴스. https://www.yna.co.kr/view/AKR20250331157700005

주대창(2024). “기악곡의 감상 교육에서 서사의 활용: 베토벤의

〈운명〉 교향곡을 중심으로". 《음악교육연구》, 53(1), 217~234쪽.

Reimer, B. & Wright, J. E.(1992). *On the nature of musical experience*. University Press of Colorado.

Said, E. & Barenboim, D.(2002). *Parallels and paradoxes*. 노승림 옮김(2011). 《평행과 역설》. 마티.

Schiller, F.(1795). *Über die ästhetische Erziehung des Menschen in einer Reihe von Briefen*. 《인간의 미적 교육에 관한 실러의 미학이론》. 안인희 옮김(2012). 휴먼아트.

01
작품의 구상과 작곡, 인간과 AI

작곡은 감정이나 인물, 이야기 같은 추상적 개념을 소리로 표현하는 예술 활동이다. 작곡가는 창문 너머로 보이는 풍경, 사람들의 대화, 한 폭의 그림이나 전시에서 영감을 얻어 그것을 음악적 아이디어로 발전시켜 곡으로 만들어 낸다. 그러나 이러한 과정에서 중요한 것은 단순히 소리로 바꾸는 것이 아닌 무엇을, 왜 표현할 것인지에 대한 명확한 의도와 그 안에 담긴 작곡가의 철학이다.

기후 위기와 인공지능?

아이디어에서 음악이 되기까지

작곡가는 철저한 계획과 설계를 바탕으로 음악을 만든다. 계획 없이 곡을 쓰면 전개에 논리가 부족해지고, 청중이 음악의 흐름을 따라가기 어려워질 수 있다. 따라서 곡의 구조와 방향을 명확히 세우는 것이 중요하다.

이를 위해 먼저 작곡가는 자신의 아이디어를 구체화하고, 표현하고자 하는 주제를 정한 뒤, 그 주제에 어울리는 형식과 장르, 그리고 사용할 악기 구성 등을 세심하게 고민한다. 이러한 설계를 바탕으로 한 음 한 음 소리로 바꾸어 오선에 기록하며 곡을 완성해 나간다. 이처럼 음악적 아이디어는 수많은 절차와 세밀한 과정을 거쳐 하나의 곡으로 완성된다.

오늘날 생성형 AI의 등장으로 이 과정의 일부를 AI가 대신할 수 있게 되었다. AI 작곡 도구는 아이디어를 빠르게 구현하고 다양한 변화를 시도할 수 있는 새로운 창작의 파트너로 주목받고 있다.

AI를 활용한 작곡

인간이 아이디어와 의도를 중심으로 곡을 구상한다면, AI는 데이터와 패턴을 기반으로 음악을 생성한다. 전통적인 작곡의 방법은 작곡가가 악보와 이론, 직관을 바탕으로 한 음 한 음 쌓아 올린다면, AI는 방대한 음악 데이터 속에서 규칙과 특징을 학습해 새로운 조합을 만들어 낸다.

하지만 작곡의 출발점은 크게 다르지 않다. AI 작곡 도구를 활용한 작곡 과정 역시 먼저 작품의 구상에서 시작된다. 어떤 분위기의 곡을 만들지, 어떤 장르와 형식을 선택할지 등 자신의 아이디어를 구체화한다. 그리고 작곡가는 주제 · 무드 · 템포 · 악기 편성 등의 조건을 입력한다. 이를 프롬프트라고 하는데, 프롬프트는 곡의 설계도와 같아서 얼마나 구체적이고 명확하게 설정하느냐에 따라 결과물이 크게 달라진다.

AI는 입력된 조건을 바탕으로 학습한 데이터 속 패턴을 조합하여 즉각적으로 음악을 생성한다. 이때 작곡가는 결과물을 들어본 뒤 수정하거나 새로운 조건을 더해 곡을 발전시킬 수 있다. 이러한 과정은 작곡가가 초고를 스케치하고 다듬어가는 과정과 비슷하다. 다만 AI를 활용하면 음악 생성 과정이 매우 빠르고 반복적으로 이루어진다는 점에서 차이가 있다.

AI는 작곡가가 설정한 조건을 바탕으로 음악을 만들어 낸다. 하지만 여기에서 멈추지 않고 작곡가가 자신의 의도와 철학을 더해 수정과 편곡을 거친다면 그 곡은 한

층 더 풍부하고 독창적인 작품으로 발전할 수 있을 것이다. 이런 점에서 AI를 창의적 협력자로 활용한다면, 음악적 아이디어를 빠르게 구체화하고 음악으로 확장시킬 수 있을 것이다.

AI로 작곡할 때 프롬프트에 어떤 정보를 담느냐가 곡의 완성도를 좌우한다. 단순히 "밝은 음악"이라고 지시하는 것보다 "팝 발라드, 밝은 음악, 빠른 템포, 어쿠스틱 기타 중심"처럼 구체적으로 설정하면 훨씬 원하는 결과에 가깝게 만들어진다. 이는 음악은 어떤 한 요소만으로는 설득력 있는 결과를 만들어 내기 힘들기 때문이다. 음악을 구성하는 요소는 많지만, 여기에서는 프롬프트 작성에 필요한 세 가지 요소인 형식, 악기, 장르에 대해 살펴본다.

프롬프트 설계와 구성 요소

형식

음악의 형식은 곡의 구조와 구성 방식을 나타낸다. 프레이즈(Phrase), 종지(Cadence), 리듬, 화성, 다이내믹 등 음악을 구성하는 기본 요소들이 어떻게 배열되느냐에 따라 곡의 형식이 만들어지며, 그 안에서 음악은 일정한 질서와 흐름을 갖게 된다. 좋은 곡은 단순한 음의 나열이 아닌 잘 짜인 구성과 형식을 갖춘 이야기로, 작곡가는 곡을 어떻게 시작하고 전개하고 마무리할지 고민하며 의미 있는 음악으로 만들어 낸다.

AI를 활용하여 곡을 만들 때에도 형식의 설계는 여전히 중요하다. 물론 곡의 형식이나 구조에 대한 설계 없이 간단한 프롬프트만으로 생성할 수 있다. 그러나 곡의 분위기나 의도에 따라 작곡가가 구체적으로 형식을 설계하면 원하는 곡에 가까운 결과물을 만들 수 있다. 예를 들어 3부 형식의 Intro-Verse-Chorus와 같이 곡의 형식과 구조를 구체적으로 설정하여 생성하면 음악적 아이디어가 명확하게 전달되어 완성도 높은 곡을 만들 수 있다.

악기

어떤 감정이나 장면을 음악으로 표현하려 할 때, 작곡가는 그 감정을 가장 잘 전달할 수 있는 악기를 찾게 된다. 같은 멜로디라도 어떤 악기로 연주하느냐에 따라 음악의 성격은 완전히 달라지기 때문에 악기는 곡의 분위기를 '연출'하는 데 중요한 도구가 되며, 음악 전체의 정체성과도 연결된다. 예를 들어, 차분하고 서정적인 분위기를 담고 싶다면 피아노, 스트링, 어쿠스틱 기타처럼 부드럽고 따뜻한 음색의 악기를 선택할 수 있고, 역동적이고 긴장감 넘치는 에너지를 표현하고자 할 땐 드럼, 브라스처럼 선명하고 강한 인상을 주는 악기를 배치할 수도 있다.

또한 악기는 연주법과 음역대에 따라 다양한 음색을 만들어 낼 수 있다. 잔잔한 분위기를 드럼 리듬으로 표현할 수도 있고, 강렬한 느낌을 피아노나 스트링으로 표현할 수 있다. 그렇기 때문에 작곡가는 여러 악기의 소리를 듣고 그 특징을 익히는 훈련이 필요하다. 작곡 과정에서 악기는 단순한 연주 수단을 넘어, 음악의 색채와 질감을 결정짓는 재료라 할 수 있다.

AI로 작곡할 때에도 악기 설정은 가능하다. 예를 들어 '어쿠스틱 기타 중심'과 같이 악기 편성을 지정할 수도 있고, '피치카토 첼로 반주'처럼 연주 방식까지 지시하여 음악의 분위기를 섬세하게 조율할 수 있다. 물론 AI 작곡 도구는 방대한 음색 라이브러리와 악기 편성 데이터를 바탕으로 악기 조합을 제시해 준다. 하지만 작곡가는 AI에게 맡기기보다는 자신의 의도와 곡의 분위기에 맞는 악기를 선택하고 지시하여 작곡가의 의도에 맞는 음악적 색채와 질감을 구현할 수 있게 해야 한다.

장르

장르는 음악을 특정한 특징이나 양식에 따라 구분하는 범주로 형식, 악기 편성, 연주 방식, 문화적 배경 등이 그 기준이 된다. 각 장르는 고유한 분위기와 감성을 담아내며, 곡의 스타일과 분위기에 큰 영향을 미칠 수 있다. 따라서 장르의 선택은 음악적 주제와 구조를 형성하는 데 중요한 역할을 한다.

음악의 장르는 매우 많고 시대와 문화에 따라 계속해서 새로운 장르가 생겨난다. 대표적인 장르로 서양의 전통 음악인 클래식, 대중음악 장르인 팝과 록, 블루스, 유럽 음악의 결합인 재즈, 그리고 전자 악기와 디지털 사운드를 기반으로 한 EDM 등이 있고, 또한 각 장르 안에는 세부적으로 나뉜 수많은 하위 장르도 존재한다.

AI 작곡에서도 장르의 선택은 중요하다. 장르 프롬프트는 AI가 음악적 패턴을 탐색하는 '검색 키' 역할을 하는데, AI는 입력된 장르의 문법(리듬 패턴, 화성 진행, 일반적인 악기 사용 등)을 기반으로 음악을 생성하기 때문에 어떤 장르를 지정하느냐가 결과물의 정체성을 좌우한다.

이렇듯 형식, 악기, 장르는 AI 시대에도 익히고 이해해야 할 기본 요소들이며, 이러한 음악적 요소를 프롬프트에 명확하게 담아내는 능력이 AI 시대 작곡가에게 필요한 중요한 역량이 될 것이다.

생성형 AI 작곡 도구의 종류

현재 다양한 AI 작곡 도구들이 존재하며, 각각 다른 방식으로 작동한다. 여기서는 크게 3가지 유형으로 분류하여 살펴본다.

프롬프트형

프롬프트형은 사용자가 원하는 음악의 스타일, 분위기, 악기 구성 등을 텍스트로 입력하는 방식이다. 이 방식은 마치 작곡가가 원하는 이미지를 글로 전해주면, AI가 이를 음악으로 번역해 들려주는 것과 같다. 따라서 사용자는 전문적인 작곡 지식 없이도 자신만의 음악적 상상을 손쉽게 실현할 수 있으며, 프롬프트를 어떻게 표현하느냐에 따라 완전히 다른 결과물을 얻을 수 있다.

카테고리형

카테고리형 작곡 방식은 음악 장르와 스타일 등의 목록이 제시되어 있고, 사용자는 원하는 항목을 선택하여 음악을 만드는 형태다. 이 방식은 프롬프트를 직접 입력하지 않아도 된다는 점에서 초보자도 쉽게 접근할 수 있으며, 동시에 체계적으로 분류된 옵션 덕분에 자신이 원하는 분위기의 음악을 손쉽게 찾을 수 있다. 예를 들어 '재즈'라는 카테고리를 선택하면 스윙, 비밥, 보사노바 등 세부 스타일이 제공되고, 그중 '스윙'을 선택하면 AI는 해당 특유의 리듬감과 화성 진행을 반영한 재즈 스윙 곡을 자동으로 생성한다. 카테고리형 방식은 작곡의 출발점이 되는 기본 틀을 제공함으로써 비전문가에게는 직관적인 작곡 경험을 제공하고, 전문가에게는 특정 장르의 음악을 빠르게 구현할 수 있는 실용적인 도구로서의 기능을 한다.

프로덕션형

프로덕션형 작곡 방식은 생성된 음악을 단순히 듣는 것에서 끝나지 않고, 실제 제작 환경에서 활용할 수 있도록 MIDI 파일이나 악보 등 다양한 형식으로 변환하고 내보낼 수 있는 기능을 제공한다. 예를 들어, 곡을 MIDI 파일로 변환하면 디지털 오디오 워크스테이션(DAW)에서 불러와 악기 또는 구성 등을 세밀하게 수정하고 편집할 수 있다. 악보로 출력해 실연을 할 수도 있다. 이러한 방식은 단순히 AI가 생성한 음악을 '완성된 결과물'로 소비하는 데 그치지 않고, 창작자가 자신만의 음악적 색깔을 더하거나 협업을 통해 새로운 작품으로 발전시킬 수 있는 토대를 마련할 수 있게 해 준다. 따라서 프로덕션형은 AI 작곡과 인간 창작자의 후속 작업을 연결해 주는 매개 역할을 한다고 할 수 있다.

참고문헌

Belkin, A.(2018). Musical composition: Craft and art. Yale University Press.

Green, D. M.(1965). *Form in Tonal Music*. 박경종 옮김(1994). 《조성음악의 형식》. 삼호출판사.

02
음악과 알고리즘

최초의 인공지능 음악은 1957년 일리노이 대학에서 발표한 〈Illiac Suite〉다. 컴퓨터가 작곡 규칙을 바탕으로 음악을 스스로 생성한 첫 사례로, 알고리즘 작곡에서 인공지능 작곡으로 이어지는 전환점이 되었다. 그런데 흥미롭게도 기존 음악을 조합하고 우연성을 더해 새로운 곡을 만들어 내려는 발상은 이미 18세기의 주사위 놀이 음악에서도 등장한다.

노래하는 AI 보컬?

수(數)에 기반한 규칙과 우연성

고대 그리스에서 음악가는 예체능이 아니라 '이과 전공자'였다. 음악은 수학, 기하학, 천문학과 함께 고대 '수학 4과(quadrivium)'에 속했으며, 우주의 질서와 인간 정신을 연결하는 철학적 매개로도 기능했다. 우리가 잘 아는 수학자이자 음악가인 피타고라스는 2:1, 3:2와 같은 단순한 정수(整數) 비율로 이루어진 음정 간의 조화를 '하르모니아(harmonia)'라고 불렀으며, 음악을 수학적 원리로 설명이 가능한 질서의 체계로 여겼다. 이처럼 알고 보면 음악은 수(數)의 규칙으로 음악을 이해하고 구성하려는 접근에서 시작되었다.

동형 리듬

중세 말기에서 르네상스 초기로 넘어가는 길목에서, 음악은 종교 중심에서 점차 세속적인 방향으로 확장되었고, 이에 따라 작곡가들은 가사의 운율(장단과 고저)에 의존하기보다 독립적인 음악적 리듬을 탐구하기 시작했다. 필립 드 비트리(Philip de Vitry), 기욤 드 마쇼(Guillaume de Machaut) 등은 다양한 리듬 실험에 몰두하며 '이소리듬(isorhythm)'이라는 새로운 작곡 기법을 도입하였다. 이소리듬은 동일한 리듬 패턴(talea)을 반복하면서 음높이 배열(color)은 다르게 구성하는 방식으로, 반복에서 오는 익숙함과 변화에서 비롯된 다양성을 동시에 추구한 시도였다. 이는 미리 정해진 규칙에 따라 음악을 구성하는 일종의 초기 알고리듬적 작곡 방식의 사례로 볼 수 있다.

주사위 놀이 음악

이와 같은 규칙 기반의 작곡 방식은 18세기 후반 유럽에서 대대적으로 유행한 주사위 놀이 음악(Musikalisches Würfelspiel)에서 놀이 형태로 나타났다. 당시 출판된 주사위 음악 악보들은 대부분 익명으로 유통되었으나, 하이든이나 모차르트의 이름이 언급된 악보도 존재한다. 오늘날까지 가장 잘 알려진 예는 모차르트의 〈주사위 미뉴에트, K.516f〉로, 이 작품은 주사위를 두 번 굴려 나온 숫자 조합에 따라 사전에 작곡된 여러 개의 음악 조각 중 하나를 선택하게 되어 있다. 이 '짜깁기 방식'을 통해 주사위를 굴리는 것만으로도 매번 새로운 곡이 탄생한다. 이는 작곡 행위를 조합과 규칙 기반 알고리즘이라는 관점에서 재구성한 역사적 사례로 볼 수 있다(Hedges, 1978). 미리 정의된 구조와 무작위 요소의 결합을 통해 새로운 결과물을 도출한다는 점에서, 오늘날 인공지능 음악의 작곡 방식과도 개념적으로 연결된다. 실제로 AI 작곡에서도 바로 이러한 '기존 음악 스타일의 조합 가능성'이라는 원리가 고도화된 AI 모델에 응용된다.

작곡 조수의 탄생: Illiac과 EMI

1957년 미국 일리노이대학교에서는 사람이 아닌 기계가 음악을 만드는 실험을 진행했다. 세계 최초의 인공지능 음악으로 알려진 Illiac Suite for String Quartet는 당시로서는 최첨단이었던 슈퍼컴퓨터 ILLIAC을 이용해 화학자이자 음악가인 레저런 힐러(Lejaren Hiller)와 레너드 아이작슨(Leonard Isaacson)이 만들었다. 이 작곡 실험에 사용된 초기 인공지능 모델은 '마르코프 체인'이라는 모델이다. 이 모델을 음악에 적용할 경우, 현재 음을 기준으로 다음 음이 무엇일지 확률적으로 계산하여 연속된 음을 생성해 나간다. 이처럼 일정한 규칙과 확률 계산에 따라 음악을 만들어 내는 방식은 이후 등장한 많은 AI 작곡 기술의 기본이 되었다. 그러나 컴퓨터가 만든 악보는 인간 작곡가가 검토와 수정 과정을 거쳐야 했고, 그렇게 완성된 악보를 인간 연주자가 연주하였다(Hiller & Isaacson, 1957). 결국 〈Illiac Suite〉는 '인공지능이 스스로 작곡한 음악'이라기보다는 '작곡을 돕는 조수 역할을 한 컴퓨터와 인간 작곡가의 협업'이라고 보는 편이 더 적절하다.

이로부터 약 40년이 지난 뒤, 미국의 작곡가이자 컴퓨터 과학자인 데이비드 코프(David Cope)는 〈Illiac Suite〉보다 훨씬 발전된 인공지능 작곡 시스템인 EMI (Experiments in Musical Intelligence)를 개발했다. EMI는 특정 작곡가의 음악 스타일을 학습하고 흉내 내어 새로운 곡을 만들어 내는 프로그램이었다. 그 작동 방식은 세 단계를 거친다. 먼저 기존 악보를 분해하고(dissect), 각각의 요소를 분석한 뒤(analyze), 그것들을 새롭게 조합하여(reassemble) 새로운 작품을 만들어 낸다. 특히 EMI는 작곡가마다 독특하게 나타나는 특징을 추출하고, 언어 생성 기술에서 쓰이는 '증강 전이망(Augmented Transition Networks)'이라는 구조를 이용해, 그 스타일을 유지하면서도 새로운 형태의 음악을 재구성했다. 예를 들어 1999년에 발매된 음반《Virtual Mozart》에 수록된 교향곡을 제작하기 위해, 모차르트의 교향곡 제6번부터 제31번까지의 음악을 새롭게 조합하여 모차르트 스타일의 교향곡을 작곡했다. 이 곡들은 실제 모차르트 작품과 매우 흡사해서, 어떤 청중들은 EMI가 만든 곡을 모차르트의 미발견 작품으로 착각할 정도로 정교했다(Schuler,

2000). 그러나 코프는 EMI를 '작곡 조수(composition assistant)'로 불렀다. 즉 EMI가 완성도 있는 결과물을 만들어 내기 위해서는 인간 전문가가 음악적으로 유효한 것을 선택해 내는 지난한 검수 작업이 필요하다(Cope, 1991).

하지만 EMI는 인간과 협업하는 '알고리즘 기반의 조수'로서 새로운 창작 지형의 가능성을 제시한다고 볼 수 있다. 마치 모차르트의 죽음 이후 그의 〈레퀴엠〉을 제자인 프란츠 쥐스마이어가 이어받아 완성한 것처럼, EMI 역시 인간 작곡가의 창작 구상을 바탕으로 이를 보완하고 확장하는 역할을 훌륭하게 수행한다.

학습하는 AI 작곡가

2010년대를 전후해 GPU(그래픽 처리 장치)와 같은 고성능 연산 장치가 보급되고, 대용량 데이터를 저장 · 분석할 수 있는 환경이 마련되면서 인공 신경망 기반으로 작곡을 시도하는 실험들이 점차 활발해졌다. 이제는 컴퓨터가 사람처럼 데이터를 보고 패턴을 익히고, 자신이 본 것을 바탕으로 새로운 것을 만들어 내는 방식으로 작곡에 접근할 수 있게 된 것이다. 사실 인공 신경망(neural network) 기술은 이미 1950년대 후반부터 이론적으로 개발되었으나, 당시에는 음악처럼 방대한 데이터를 다루는 분야에는 활용이 제한적이었다(Briot et al., 2017; Khan, 2013).

초기의 대표적인 신경망 기반 음악 생성 프로젝트로는 Sony의 Flow Machines와 Google Brain의 Magenta가 있다. Sony의 Flow Machines는 '작곡 조수(composition assistant)' 개념에 가까운 방식으로 작동하였다. 이 시스템은 약 1만 3000곡의 Beatles 관련 데이터를 학습하고, 이를 바탕으로 '비틀스 스타일'의 곡을 생성했다. 대표곡인 〈Daddy's Car〉는 자동 생성된 선율과 하모니를 인간 작곡가 브누아 카레(Benoît Carré)가 편곡하고 가사를 붙여 완성한 곡이다. AI는 초안을 제공하고 인간이 이를 선택하고 다듬는 구조였으며, 이는 데이비드 코프(David Cope)의 EMI가 보인 '보조자' 역할과 유사한 창작 구조를 보여 준다.

Google은 2016년에 인간의 개입 없이 자동화된 방식으로 음악을 생성하는 Magenta 프로젝트를 시작하였다. 이 프로젝트는 머신러닝을 창작 과정의 도구로 활용하는 역할을 탐구하는 Tensorflow 기반의 연구 프로젝트다. 비록 Magenta가 만들어 내는 음악은 다소 단조롭고 반복적인 패턴에 머무르는 한계가 있어 완성도 면에서는 부족하다는 평가를 받고 있지만, 구글은 이 프로젝트를 통해 다양한 모델과 도구를 오픈소스로 제공하고 있어, 누구나 AI를 예술의 창작 도구로 활용할 수 있는 생태계를 조성하는 데 중요한 역할을 하고 있다.

AI 위촉 작곡가

2020년대에 들어서면서 생성형 AI는 음악 작곡의 패러다임을 획기적으로 변화시키고 있다. 이전의 시스템들이 주로 멜로디나 짧은 동기를 생성하는 데 머물렀다면, 이제는 완성도 높은 전체 곡을 자동으로 생성할 수 있는 도구들이 등장하였다. 대표적인 예로는 AIVA, SUNO, Udio를 들 수 있다. AIVA는 클래식, 영화 · 게임 · 광고용 배경 음악 제작에 주력해 왔다. 사용자는 장르와 분위기를 선택하고, 조금 더 세부 설정을 원하면 코드 진행을 지정하면 AI가 이에 맞춰 곡을 생성하여 제공한다. SUNO와 Udio는 간단한 자연어 텍스트 프롬프트만으로 가사를 생성하여 보컬까지 삽입된 완성곡을 만들어 준다. 이러한 'AI 위촉 작곡가'는 의뢰인이 원하는 가사나 분위기의 음악을 손쉽게 만들어 수 있다는 점에서 만족을 준다. 장르, 분위기, 악기, 템포 등을 설정할 수 있고 메타태그를 잘 쓰면 어느 정도 세부적인 제어도 가능하지만, 원하는 음악에 대한 구체적인 요구가 있는 까다로운 사용자는 종종 실망을 경험한다. 음악학적 측면에서 평가하자면, AI는 본질적으로 이미 존재하는 음악 스타일의 범주 안에서 곡을 재구성하는 데 강점이 있다. 그래서 익숙한 기존의 음악을 모방하고 변형하는 데는 능숙하지만, 베토벤이 동시대의 관습을 넘어 완전히 새로운 세계를 열었던 것처럼, 혁신적인 곡을 스스로 창조하기는 어렵다.

참고문헌

Briot, J. P. et al.(2017). Deep learning techniques for music generation—a survey.

Cope, D.(1991). Recombinant music: Using the computer to explore musical style. *Computer, 24*(7), pp.22~28.

Flow Machines. http://www.flow-machines.com/

Hedges, S. A.(1978). Dice music in the eighteenth century. *Music & Letters, 59*(2), pp.180~187.

Hiller, L. A. & Isaacson, L. M.(1957). Musical composition with a high speed digital computer. *Audio Engineering Society Convention 9*. Audio Engineering Society.

Khan, A. H.(2013). Artificial intelligence approaches to music composition [dissertation]. Northern Kentucky University.

Magenta. https://magenta.withgoogle.com/

Sandred, Ö. et al.(2009). Revisiting the Illiac Suite – a rule-based approach to stochastic processes. Sonic Ideas/Ideas Sonicas, 2, pp.42~46.

Schuler, N.(2000). David Cope: Virtual Mozart: Experiments in Musical Intelligence. *Computer Music Journal, 24*(4), p.80.
Yang, E.(2018). Coding Mozart's Code; Codification and Decodification in AI Music. *Journal of Advanced Research in Dynamical & Control Systems, 10*(14), pp.726~731.

03
SUNO 시작하기

이 책에서는 가장 널리 사용되는 AI 작곡 플랫폼 중 하나인 SUNO를 활용한 작곡 방법을 소개한다. SUNO의 인터페이스는 직관적이고 사용 방법은 단순하지만, 생성되는 결과물은 높은 완성도를 보인다. 이러한 특징 덕분에 초보자부터 전문가까지 누구나 손쉽게 활용할 수 있다. 이 장에서는 SUNO의 화면 구성과 주요 기능을 살펴보고, 간단한 음악 생성 과정을 다룬다.

인공지능과 편향?

SUNO 시작하기

회원 가입

검색창에 SUNO를 입력하여 검색하거나 또는 주소창에 suno.com을 입력한다. SUNO 홈페이지로 이동한다. 왼쪽 상단에 'Sign In' 아이콘을 클릭하면 계정을 만들 수 있는 새 창이 열린다. 애플 또는 구글, MS 등으로 계정을 만들 수 있고 전화번호로도 가능하다.

프로필 설정

회원 가입 후 로그인을 하면 'Sign In' 아이콘이 원형 아이콘으로 변경된다. 이 아이콘을 클릭하면 프로필 편집과 화면 색상 등 기본 설정을 변경할 수 있다.

프로필 편집(Edit Profile)

- 프로필 배경 이미지 설정: 프로필에 표시될 이미지를 설정할 수 있다. 사진이나 그림 등 원하는 이미지를 업로드 할 수 있고, 지원 파일 형식은 JPG, PNG, WEBP이고 파일 크기는 5MB 이하, 해상도는 1280×740 이하로 설정하는 것이 권장된다.
- 이름 및 추가 설명(bio): 프로필에 사용할 이름을 정할 수

있으며, 음악 성향이나 활동 방향 등 사용자에 대한 설명을 추가할 수 있다.

• Handle: Handle은 SUNO 안에서 공식적으로 사용하게 되는 사용자 식별 이름이다. 프로필 URL, 크레디트, 공유 링크 등에 공통적으로 적용되며, 음악가의 고유 아이디와 같은 역할을 한다.

• Genre Override: 사용자의 음악 스타일을 설정하는 항목이다. 장르는 최대 5개까지 설정할 수 있으며, 설정한 장르는 음악 추천 및 탐색 알고리즘에 반영된다.

• Section Order: 프로필 화면에 표시되는 콘텐츠 섹션의 순서를 정하는 기능이다. 드래그 방식으로 섹션의 순서를 바꿀 수 있다.

• Social networks: 사용자가 활동하고 있는 SNS 계정 링크를 추가할 수 있다.

SUNO 페이지

SUNO 홈페이지 왼쪽 상단 프로필 아이콘 아래에 Home, Create, Library 등의 탭들이 세로로 배열되어 있다. 탭을 클릭하면 새로운 페이지로 이동하며, 각각의 탭은 서로 다른 기능이 제공된다.

• Home: Home은 SUNO의 첫 화면으로, 전 세계 사용자들이 SUNO로 생성한 음악을 공유하는 커뮤니티 쇼케이스다. SUNO로 만든 다양한 음악들이 나열되어 있으며, 이를 선택해 즉시 감상할 수 있다. 단순히 감상하는 것에 그치지 않고, 해당 곡에 사용된 '가사'와 '프롬프트'를 보며 다른 창작자의 노하우를 배울 수 있는 학습의 공간이기도 하다. Home은 'For you', 'Suggested Creators', 'Trending', 'Staff Picks' 등 카테고리로 분류되어 있어 쉽게 음악을 탐색할 수 있으며 현재 AI 음악의 기술과 트렌드를 확인할 수 있다.

• Create: Create는 실제 음악을 만드는 공간으로, 두 가지 핵심 모드를 제공한다. 곡의 주제나 분위기를 간단하게 입력하여 음악을 생성하는 Simple 모드와 가사부터 구체적인 곡의 장르, 구조까지 사용자가 직접 설정해 세밀하게 작곡할 수 있는 Custom 모드가 있다.

• Studio: SUNO Studio는 생성형 AI 음악 제작을 위한 통합 작업 공간이다. Studio에서는 단순히 텍스트 프롬프트로 음악을 생성하는 단계를 넘어, 이미 만들어진 음악을 분해, 재조합, 편집하고, 이를 외부 제작 환경으로 확장할 수 있는 기능을 지원한다. SUNO Studio는 스템 기반 작업 방식으로 되어 있다. 보컬, 드럼, 신스 등의 개별 스템을 생성할 수 있으며, 완성된 곡을 업로드 해 각각의 스템으로 분리할 수도

있다. 이 기능을 활용해 곡 전체를 다시 만들지 않고 특정 요소만 추출해 수정 또는 편집할 수 있어 다양한 버전의 음악을 효율적으로 만들 수 있다. 또한 BPM, 볼륨, 피치 등 세부 요소도 직접 제어하고 정밀하게 편집할 수 있어 AI가 생성한 음악이라 하더라도 사용자의 의도에 맞게 수정할 수 있다. 나아가 완성된 결과물은 오디오로 내보낼 수 있는 것은 물론, MIDI 파일로도 저장 가능해 DAW에서 후반 작업을 이어갈 수 있다. SUNO Studio는 AI 음악 생성을 넘어 기존 음악 제작 환경과 연동되는 확장형 음악 제작 플랫폼으로서 기능한다. 단, 해당 기능은 프리미어 플랜 구독자에 한해 제공된다.

• Library: Library는 음악이 생성된 후 저장되는 공간으로 사용자의 창작 이력이 기록되는 저장소다. 사용자가 만든 음악을 모아두고 감상하거나 관리할 수 있다. Library 안에 여러 가지 폴더가 있어 생성된 곡을 체계적으로 관리할 수 있다. 'Songs'는 생성된 모든 음악이 저장되는 곳으로 시간순으로 정렬된다. 'Playlists'는 특정 테마나 목적에 따라 곡을 분류할 수 있는 곳이다. 마음에 드는 곡이나 앨범 단위의 곡 작업, 또는 특정 프로젝트를 위해 그룹화하여 관리할 수 있다. 'Workspace'는 작업 공간으로 곡을 생성하거나 이전에 만든 곡을 편곡 또는 편집할 수 있는 작업실이다. 'Studio

Projects'와 'Hooks'는 각각의 모드로 생성한 음악이 저장되는 공간이다. 'Cover Art'는 앨범 커버 이미지를 만들 수 있는 공간으로 Image→Video / Text→Video / Text→Image 모두 가능하다. 또한 Library 내에서 좋아요, 댓글 등을 확인하고 관리할 수 있다.

• Search: SUNO 데이터베이스 안에서 원하는 스타일의 음악을 찾아볼 수 있는 검색 페이지다. 음악이나 플레이리스트, 창작자, 장르 등으로 다양한 기준으로 검색할 수 있어 원하는 곡을 신속하게 찾는 데에 유용하다.

• Radio: SUNO가 생성한 다채로운 음악을 실시간 연속으로 스트리밍 하는 공간이다. 사용자는 음악을 들으며 채팅과 투표에 참여할 수 있고, 곡 생성에 사용된 프롬프트를 복사해서 재사용할 수 있다.

• Hooks: Hooks로 만든 창작물이 저장되는 공간이다. Hooks는 숏츠를 만들 수 있는 기능으로 음악을 선택하고 비디오를 업로드하면 숏츠를 만들어 준다.

• Explorer: Explorer는 음악의 장르를 선택해 감상할 수 있는 공간이다. 중앙에 나열된 장르를 선택하면 해당 음악이 재생되고, 플레이어 중간에 주사위 모양 아이콘을 클릭하면 랜덤하게 음악이 재생된다. 수많은 장르를 탐색하며 감상할 수 있는 페이지다.

• Notifications: SUNO 내에서의 개인 활동이나 플랫폼 소식을 알려주는 공간이다. 예를 들어 내가 만든 음악에 누군가가 '좋아요'를 누르거나 댓글을 남겼을 때 알림이 제공된다. 또 새로운 기능 출시나 약관 변경, 크레디트 정책 등 SUNO 플랫폼의 최신 소식을 알려주는 곳이다.

• Earn Credits: Earn Credits는 일종의 보상 시스템으로, 사용자는 서비스 성장에 기여하고 그 대가로 SUNO로 생성을 할 수 있는 크레디트를 받을 수 있다. Earn Credit에는 'Invite Friends'와 'Listen and Rank' 두 가지가 있다. Invite Friends는 신규 유저 도입을 위한 것으로 친구 초대를 하고 초대받은 친구가 SUNO 가입 후 10곡을 생성하면 초대한 사람과 친구 모두 250 크레디트를 지급받는다. 1인당 최대 2500 크레디트까지 획득할 수 있다. Listen and Rank는 제시되는 음악을 감상하고 선호도를 표시하면 크레디트를 얻을 수 있다. Start 버튼을 누르면 동일한 클립 두 개가 제시되며, 이 중 음질이 더 좋은 것을 선택하면 된다. 1회에 5 크레디트가 제공된다.

SUNO 자동 작곡하기

SUNO는 텍스트 프롬프트를 입력해 음악을 생성하는 프롬프트형 생성 AI이지만, 사용자가 직접 문장을 입력하지 않아도 자동으로 음악을 생성할 수 있는 기능을 제공한다.

먼저 Create 페이지로 이동한다. 페이지 상단에는 Simple / Custom 모드 선택 버튼이 있으며, 그 아래에 'Song Description' 텍스트 입력창이 배치되어 있다. 이 입력창 오른쪽 상단에는 주사위 아이콘이 표시되어 있는데, 이는 프롬프트를 자동으로 생성해 주는 버튼이다.

자동 작곡을 위해 Simple 모드를 선택한 뒤, 'Song Description' 입력창의 주사위 아이콘을 클릭한다. 주사위 버튼을 누르면 짧은 형태의 프롬프트가 자동으로 생성되며, 원하는 내용이 나올 때까지 여러 번 눌러볼 수 있다. 마음에 드는 프롬프트가 생성되면, 화면 하단의 Create 버튼을 클릭해 곡 생성을 진행한다.

이와 같은 방식으로 SUNO는 음악적 아이디어가 명확하지 않은 상태에서도 손쉽게 곡을 생성할 수 있도록 지원하며, 초보자도 부담 없이 AI 작곡을 경험할 수 있게 한다.

이번 장에서는 SUNO 화면 구성과 간단한 음악 생성 방법을 살펴보았다. 다음 장에서는 본격적으로 SUNO를 활용해 음악을 생성하는 방법에 대해 알아본다.

04
SUNO 작곡하기

AI로 음악을 생성할 때는 프롬프트를 명확하게 작성하는 것이 중요하다. 마치 작곡가에게 곡을 의뢰하듯 논리적이고 정확하게 설명해야 의도가 제대로 전달되고, 기대에 부합하는 결과를 얻을 수 있다.
SUNO에서는 Simple과 Custom 두 가지 방식을 제공하고 있다. 이번 장에서는 간단하게 음악을 생성할 수 있는 Simple 모드의 활용법을 알아본다.

청각장애인과 AI?

SUNO Simple

SUNO로 음악을 만들 때 크게 Simple과 Custom 두 가지 방식으로 만들 수 있다. Simple은 간단한 텍스트 입력만으로 음악을 생성할 수 있는 기능이고, Custom은 가사와 음악의 구조, 악기, 보컬 등 세부 요소를 세밀하게 설정하여 사용자가 원하는 음악에 좀 더 가깝게 구현할 수 있는 기능이다.

Simple 모드 사용법

1. Create 탭을 클릭해 음악을 만들 수 있는 Create 페이지로 이동한다.
2. 왼쪽 상단에 Simple과 Custom 전환 버튼을 Simple이 선택된 상태로 만든다.
3. Song Description 창에 생성하고자 하는 곡에 대한 프롬프트를 입력한다.
4. Create 버튼을 클릭한다.

Simple 모드에서 프롬프트의 작성은 곡의 장르와 스타일, 분위기 등을 입력하면 되는데, 이때 간단명료하고 논리적으로 작성해야 한다. 장황하고 긴 설명은 혼란을 줘 원하는 음악과 동떨어진 음악이 생성될 수 있다.

Simple 모드의 작동 방식

Simple 모드에서는 사용자가 단순한 키워드를 입력하면, SUNO가 이를 바탕으로 제목, 가사, 악기 구성 등을 매칭한다. 이때 곡이 완성되면 SUNO는 결과물의 분위기, 장르, 악기 편성을 요약한 '스타일 설명'을 자동으로 부여한다.

예시 1.

사용자 프롬프트: 로파이, 잔잔한 카페 음악.

생성된 제목: 커피향 속 이야기.

SUNO 스타일: perfect for a cozy cafe atmosphere, mellow, warm, lo-fi with soft acoustic guitar and gentle piano loops.

예시 1에서는 '로파이'라는 장르와 '잔잔한'이라는 분위기, 그리고 '카페 음악'이라는 공간적 상황을 프롬프트로 입력하였다. 이를 토대로 'mellow, warm'과 같은 분위기의 기타와 피아노로 구성된 음악이 생성되었다.

프롬프트 작성 시 어려움이 있을 때는 SUNO가 자동으로 부여한 스타일 설명을 참고하는 것도 좋은 방법이다. 이를 활용하면 초보자도 원하는 음악의 분위기와 악기 구성을 보다 구체적으로 표현할 수 있다.

또한 가사도 입력한 프롬프트 맞추어 자동으로 생성된다. Simple 모드에서는 한국어로 프롬프트를 입력하면 한국어 가사로, 영어로 입력하면 영어 가사로 만들어 준다.

몇 가지 예를 더 들어보자.

예시 2.

사용자 프롬프트: 재즈 클럽에서 연주하는 느낌의 스윙 재즈.

생성된 제목: 한밤의 재즈.

SUNO 스타일: upright bass, swing jazz, smoky club atmosphere, lively brass.

여기에서는 하나의 문장으로 나열하여 프롬프트를 작성하였다. 장르를 '스윙 재즈', 장소를 '재즈 클럽'으로 지정하여 음악의 분위기를 입력했다. 그 결과, 'upright bass, lively brass'와 같은 악기 편성과 'smoky club atmosphere'라는 공간적 분위기를 지닌 스윙 재즈 스타일로 구현되었다.

초기에 SUNO는 한국어가 잘 반영되지 않았지만 이제는 한국어로 프롬프트를 작성해도 문제없이 잘 생성된다.

예시 3.

사용자 프롬프트: Energetic hip hop.

생성된 제목: Streetlights and Thunder.

SUNO 스타일: bass-heavy with sharp drum hits and layered vocal samples, hip hop.

예시 3은 아주 간단하게 프롬프트를 작성했지만 SUNO는 이를 바탕으로 'bass-heavy with sharp drum hits and layered vocal samples'와 같은 구체적인 악기와 보컬의 성격을 부여하여 에너제틱한 힙합 스타일로 생성하였다.

예시 4.

사용자 프롬프트: 전통 가야금과 장구가 어울린 퓨전 음악.

생성된 제목: 달빛 아래 춤을.

SUNO 스타일: fusion, traditional korean instruments, melodic; features gayageum and janggu for a serene yet rhythmic texture.

예시 4는 우리나라 전통 음악을 주제로 작성한 경우다. 사용자는 가야금과 장구라는 한국 전통 악기를 명시하여 음악의 장르를 제시하였다. 그 결과 'fusion, traditional korean instruments'와 같은 장르적 성격과 'serene yet rhythmic texture(잔잔하면서도 리드미컬한 질감)'라는 분위기의 곡으로 구현되었다.

초기에는 SUNO와 같은 생성형 작곡 도구에서 국악 등 전통 장르를 다루기 어려웠다. 한국 고유의 악기 소리나 분위기 등은 반영되지 않는 경우가 많았기 때문이다. 그러나 최근에는 이러한 제약이 점차 해소되면서, 전통 악기를 활용한 곡도 어느 정도 생성할 수 있게 되었다.

즉, 지금은 단순히 서양 장르뿐 아니라 국악과 같은 전통 장르도 하나의 창작 선택지로 포함할 수 있으며, 필요에 따라 퓨전 형태로도 확장 가능하다. 이는 생성형 음악 기술이 국악을 '새로운 창작 자원'으로 전환시킨 중요한 변화라 할 수 있다.

Inspiration

프롬프트 입력창 아래 'Inspiration'이라는 섹션이 있다. 이곳에는 'afrobeat', 'slavic folk', 'hard beat'처럼 다양한 장르나 스타일 키워드가 나열되어 있으며, 사용자는 원하는 단어를 클릭해 곧바로 프롬프트에 반영할 수 있다. 예를 들어 'afrobeat'을 선택하면 입력창에 해당 단어가 추가되어 프롬프트가 작성된다. 즉, Inspiration 기능은 여러 단어를 조합해 빠르게 나만의 프롬프트를 만들 수 있도록 하며, 아이디어가 떠오르지 않을 때 참고 사전처럼 활용할 수 있는 기능이다.

예시 5.

사용자 프롬프트: afrobeat, hard beat, trap.

생성된 제목: Midnight Groove.

SUNO 스타일: afrobeat-inspired, hard-hitting trap fusion with heavy percussion, and layered synth textures, emphasis on bass and driving energy, syncopated rhythms, rap, afrobeat.

Inspiration 메뉴에서 afrobeat, hard beat, trap의 3가지를 선택하여 음악을 생성하였다. 앞의 'Song Description'에서와 같이 음악이 생성되고 생성된 음악의 구체적인 스타일이 부여되었다.

Instrumental: 기악곡 만들기

지금까지는 가사가 있는 보컬 음악을 생성해 보았다. SUNO는 가사가 없는 기악곡의 생성도 가능하다.

'Song Description'의 프롬프트를 입력할 수 있는 박스 오른쪽 하단에 'Instrumental'이라는 버튼이 있다. 이 버튼을 눌러 활성화시켜 주면 기악곡이 만들어진다. 프롬프트를 작성하는 방법은 보컬 음악을 만들 때와 동일하게 만들면 된다.

예시 6.

사용자 프롬프트: new age, relax, vivid.

생성된 제목: Crystal River Dream.

SUNO 스타일: Airy new age soundscape built on soft pads, glassy mallets, and warm sub drones, Slow-evolving arpeggios drift in and out like breathing; subtle world percussion and distant shakers give gentle motion, Occasional wind chimes and reversed swells add vivid, meditative sparkle, Very spacious mix, long reverbs; perfect loopable 2-3 minute relaxation piece, new age.

예시 6은 뉴에이지 스타일의 편안한 기악곡을 생성하도록 작성하였다. 이를 토대로 SUNO는 부드러운 패드 사운드와 맑은 말렛 계열 음색, 그리고 따뜻한 저음 드론을 중심으로 공간감이 넓은 사운드 스케이프를 생성하였다.

예시 7.

사용자 프롬프트: 18th classical music, ternary form, Piano, simple, vivid, fast.

생성된 제목: Allegro Ternary Glow

SUNO 스타일: Bright Classical-era piano miniature in A major, ternary (ABA') form, Very fast tempo, right hand dancing in vivid broken chords and playful runs, left hand light and bouncing in simple Alberti-style figures, A section cheerful and nimble, B section leans briefly into a more lyrical, minor-tinged color before snapping back to a sparkling, slightly varied A', Crisp articulation, clear phrases, under one minute total, simple, classical.

예시 7은 클래식 음악을 생성한 예이다. 18세기 고전 시대 음악 스타일로 3부분 형식의 피아노곡을 생성하도록 프롬프트를 입력하였다. 그 결과 빠른 템포와 밝은 분의기의 3부분 형식의 곡이 생성되었다. 과거에는 생성형 작곡 도구에서 클래식 음악도 국악과 같이 정교하게 구현하기 어려운 경우가 많았다. 그러나 최근에는 고전 ·

낭만 등 특정 시대의 스타일과 형식적 구조를 어느 정도 반영한 클래식 음악 생성이 가능해지고 있다. 이러한 변화에 따라 클래식 음악 역시 단순한 참고용 사운드를 넘어, 교육 · 연습 · 콘텐츠 제작 등 다양한 영역에서 활용 가능성이 커지고 있다.

이번 장에서는 Simple 모드를 활용하여 간단하게 음악을 생성하는 방법을 알아보았다. Simple 모드는 몇 개의 단어만으로도 음악을 생성할 수 있는 기능으로, 음악적 아이디어를 빠르게 음악으로 표현하고자 할 때 특히 유용하다.

05
SUNO 커스텀

음악 생성에서 핵심은 '의도한 바를 얼마나 정확하게 구현했는가'에 있다. Custom 모드는 사용자가 음악의 세부 요소를 보다 정교하게 설계해 음악의 완성도를 높이는 기능이라 할 수 있다. 단순히 장르와 분위기를 지정하는 수준을 넘어 음악의 구조, 악기의 편성, 보컬의 뉘앙스까지 조율할 수 있기 때문이다. 이번 장에서는 Custom 모드의 주요 기능을 살펴보고, 이를 통해 AI와 인간이 어떻게 공동 창작을 실현할 수 있는지 탐구한다.

AI 콘텐츠 크리에이터?

Custom 모드

Custom 모드는 이름처럼 사용자가 필요에 맞게 세부 설정을 할 수 있는 기능이다. Custom 모드를 통해 가사, 형식, 언어, 보컬의 성별까지 원하는 대로 설정해 나만의 음악을 디테일하게 완성할 수 있다.

Custom 모드 사용법

1. Create 탭을 클릭해 음악을 만들 수 있는 Create 페이지로 이동한다.
2. 왼쪽 상단에 Simple과 Custom 전환 버튼에서 Custom을 선택해 Custom 모드로 만든다.

Lyrics

Custom 모드로 전환하면 Lyrics 입력창이 추가된다. Lyrics 박스 안에 가사를 입력하면, 입력한 가사를 바탕으로 노래가 생성된다. 사용자는 이곳에 가사 뿐 아니라 음악의 구조나 분위기 등을 지정할 수 있다. 또한 Lyrics 박스 오른쪽 상단에 있는 매직완드(Magic Wand)를 사용하면 가사를 자동으로 생성할 수도 있다. 매직완드는 두 가지 옵션을 제공한다. Edit Lyrics를 선택하면, 아래 부분에 입력창이 생기고, 원하는 곡의 분위기를 프롬프트로 작성하면 그에 맞는 가사가 Lyrics 박스 안에 빠르게 생성된다. Write Full Song을 선택하면 새로운 창이 열리고, 하단에 생성하고자 하는 곡의 느낌을 프롬프트로 작성한다. 그러면 두 가지 버전의 가사가 생성된다. 마음에 드는 것으로 선택하면 된다.

Metatags

메타태그는 가사 안에 포함된 지시 사항으로 곡의 구조나 보컬 스타일, 악기 편성 등에 영향을 줄 수 있는 효과적인 기능이다. 메타태그는 가사와 구분될 수 있도록 대괄호([ ])를 사용해 작성한다. 주로 Intro, Verse, Chorus 등과 같이 음악의 구조를 설정할 때 사용한다.

예시 1. 제목: Sad Valentine's Day

[Verse]

창밖엔 불빛이 반짝여

거리는 온통 사랑 노래

우린 함께 있는데도

왠지 혼자인 것 같아

[Pre-Chorus]

초콜릿도, 꽃다발도

내겐 아무 의미 없는 걸

네가 내 손을 잡지만

"Something feels so wrong"

[Chorus]

But not today, not tonight

내 맘은 점점 얼어가

Happy Valentine's? No, not mine

웃어도 채워지지 않아

Sad Valentine's Day

메타태그는 음악의 구조에 스타일이나 분위기를 추가하거나 악기와 보컬의 성별 등을 구체적으로 지정할 수도 있다.

예시 2.

[Sad Verse]/[Powerful Chorus]

[Guitar solo Intro]/[Instrumental Interlude]

[Spoken word]/[Female Vocal]

다음의 예시는 메타태그를 넣어 재구성한 힙합 버전의 까치까치 설날 노래다.

예시 3. 제목: 설날

[Rap][Male Vocal]

uh, uh, ye,

uhm, uhm, oh

설날, 설날

[Verse]

까치까치 설날은 어저께고요

우리우리 설날은 오늘이래요

[Scat Interlude]

[Chorus][Female Vocal]

곱고 고운 한복을 입고서

다함께 즐거운 놀이를 해요

[Verse 2]

곱고 고운 댕기도 내가 드리리

우리우리 설날은 오늘이래요

[Break]

[Chorus]

곱고 고운 한복을 입고서

다함께 즐거운 놀이를 해요

위 예시 3에서는 힙합의 느낌이 잘 나도록 남성 보컬

의 Rap으로 시작해 Verse(1절)로 전개되도록 구성하였다. 이후 Chorus(후렴구)로 넘어가기 전에 가사 대신 즉흥적인 음절을 활용한 Scat Interlude(스캣)을 배치했고, 이어서 여성 보컬(Female Vocal)이 Chorus(후렴구)를 노래하고, Verse 2(2절)로 연결되도록 하였다. 그리고 보컬 없는 Break 구간을 둔 후 최종적으로 Chorus(후렴구)가 반복되도록 설정하였다.

지금까지 대괄호를 사용하여 노래에 대한 지시 사항을 설정하였다. 이외에도 코러스나 보조 보컬을 추가해 다채로운 보컬의 질감을 표현할 수 있다. 이때에는 대괄호가 아닌 소괄호를 사용해 입력한다.

예시 4. 제목: 치즈케이크

[Intro]

[Spoken word]

치즈케이크(치즈케이크)

행복가득 치즈케익

[Verse]

폭신폭신 부드러운(치즈케익)

꾸덕꾸덕 풍미가득(치즈케익)

상큼하게 레몬 토핑(치즈케익)

달달하게 초코토핑(치즈케익)

위의 예시 4와 같이 소괄호 안에 가사를 써넣으면 메인 보컬 이외의 보조적인 보컬 파트를 추가할 수 있다. 소괄호 안에 단어나 구절을 입력하면, SUNO는 이를 백그라운드 보컬, 에코 효과, 또는 추임새처럼 처리하여 곡을 생성한다.

Style

Custom 모드로 전환하면 Lyrics 박스 아래 Style 입력창이 추가되고, 이 영역에 음악의 스타일 프롬프트를 입력하면 된다.

Simple 모드에서 Song Description에 입력하는 방식과 동일하게 작성할 수 있지만, Custom 모드에서는 좀 더 세밀하게 적어 주어도 좋다.

Styles 박스 안에 장르, 보컬, 악기, 분위기 등을 쉼표를 사용해 구분되도록 한다.

예시 5. Style 프롬프트

R&B, Slow Tempo, Emotional, Melancholic, Soulful, Soft Piano, Warm Rhodes, Deep Bass, Light Percussion, Soft

Snare, Subtle Reverb

위의 예시 5에서는 장르와 템포, 분위기, 주요 악기 등을 나열했다. 스타일 프롬프트도 한국어로 작성해도 무방하다.

아래는 직접 만든 가사에 메타태그를 넣고, 그에 맞는 Styles 프롬프트를 입력해 곡을 생성한 예다.

예시 6. 제목: 눈부신 아침

[Piano solo Intro]

Lal~lal ~ la

[Verse]

눈부신 아침 깨워줘

빛나는 햇살 비추고

단잠을 깨고 일어나

새로운 하루 시작해

[Verse 2]

커피 향기 맡으면서

잠깬 마음 씻어내고

활기찬 발걸음으로

우리 만날 준비해

[Guitar Interlude]

[Chorus]

손잡고 걸어가자

한없이 넓은 세상

너와 내가 함께라면

두렵지 않아 전혀

[Verse 3]

비오는 날엔 우산 속

조그만 세상 나누어

너와 내가 웃으면서

젖은 길도 함께해

[Instrumental Bridge]

[Chorus]

손잡고 걸어가자

한없이 넓은 세상

너와 내가 함께라면

두렵지 않아 전혀

[Fade to End]

Styles 프롬프트:

반주 최소화, 어쿠스틱 팝, 말하는 듯한, 보컬 중심

이 장에서는 Custom 모드로 음악의 구조와 보컬 스타일 등을 정교하게 설정하는 방법에 대해 알아보았다. 이를 바탕으로 원하는 음악을 구상하고 구현하는 데 한 걸음 더 다가갈 수 있을 것이다.

06
GAUDIO STUDIO와 SUNO로 편곡하기

이 장에서는 간단하게 기존 곡의 특정한 멜로디나 특정 코드 진행을 사용하여 편곡하는 방법들을 소개한다. AI 오디오 편집기 'GAUDIO STUDIO'를 활용하여 곡의 재료를 다듬고 'SUNO'로 조리하여 기존의 곡이나 내가 만든 짧은 음악에 "새로운 아이디어"를 더할 수 있다. 화성법을 몰라도 내가 좋아하는 멜로디에 어울리는 새로운 코드 진행을 붙여 볼 수 있고, 발라드곡을 라틴 댄스곡으로 편곡해 볼 수도 있다.

AI와 민수주의?

음악적 씨앗(seed) 활용 가이드

이 장에서는 AI와 함께 기존의 멜로디나 학생이 무심코 흥얼거린 구절 같은 작은 음악적 재료를 '씨앗(seed)'으로 삼아 완성된 새로운 곡을 만들어 내는 방법을 제시한다. 씨앗 없이 텍스트 프롬프트만으로 음악을 생성할 경우, AI는 학습한 데이터 안에서 프롬프트와 유사하다고 판단되는 결과를 무작위적으로(random) 생성한다. 이때 사용자는 멜로디, 화성, 리듬을 명확하게 통제하기 어렵다.

반면, 씨앗 음악(seed music)을 업로드하면 씨앗 음악은 생성 과정의 확률 분포를 변화시키는 '가이던스' 혹은 '조건'으로 작동한다. Seed 음원이 제공하는 멜로디적 · 화성적 · 리듬적 패턴이 확률 분포를 '편향'시키며, AI는 그 패턴을 중심으로 새로운 음악을 발전시키게 된다.

SUNO의 경우 텍스트 프롬프트만으로는 세부적 음악 요소를 제어하기 어렵지만, 멜로디 음원이나 반주 스케치 음원을 업로드하면 그것이 곧 AI가 참조하는 유전 정보가 된다. AI는 이 씨앗의 기본 구조를 토대로 곡을 전개하면서, 반주를 확장하거나 멜로디를 발전시키며 완성도 있는 새로운 음악으로 키워낸다.

음악 수업에서 '씨앗'으로 심을 재료는 '모티브

(motive)', '악구(phrase)', 혹은 '화성 진행(chord progression)'이나 '리프(riff)', '그라운드 베이스(ground bass)' 등이 될 것이다. 가이던스가 되는 씨앗은 되도록 길고 구체적으로 지정하는 것이 좋다. 이에 대해서는 후술하겠다.

그런데 이렇게 AI를 활용해 기존 곡을 '씨앗'으로 사용할 때는 저작권 문제를 명확히 인지하고 접근해야 한다. 이 장에서 제시하는 모든 방법은 유료 공연이나 음원 출판 등 상업적 목적이 아닌, '개인적인 학습과 실험'의 범위 내에서 이루어지는 것을 전제로 한다. 모든 과정에서 원작자의 권리를 존중하는 것이 가장 중요하며, 학습 과정이라 하더라도 '씨앗'으로 사용한 원작을 밝히는 것이 바람직하다.

만약 AI로 편곡하거나 생성한 결과물을 판매하거나 공연에 사용하는 등 상업적으로 이용하고자 한다면, 반드시 원작자(저작권자)의 사전 허락을 받아야 한다는 점을 꼭 기억해야 한다.

따라서 '창작자'로 성장하는 과정에서 저작권 문제로부터 가장 자유로운 방법은 다음과 같다. 첫째, 퍼블릭 도메인(Public Domain) 활용: 저작권 보호 기간이 만료된 클래식이나 민요의 멜로디나 화성을 활용하는 것이다. 둘째, 크리에이티브 커먼즈(CC) 활용: 원작자가 "일정한 조건하에 사용을 허락"한 크리에이티브 커먼즈(CC) 라이선스 곡들을 활용하는 것도 좋은 방법이다.

GAUDIO STUDIO로 '씨앗 전처리'

SUNO가 '씨앗'을 받아 곡을 '조리'하는 과정을 수행한다면, GAUDIO STUDIO는 그 '재료를 씻고 다듬는 전처리(preprocessing)' 과정에 최적화되어 있다. SUNO의 유료 플랜에도 오디오 업로드 기능이 있지만, 이 기능에는 결정적인 한계가 있다. 우리가 학습용으로 사용하고 싶은 상업적으로 발매된 음원(MP3, WAV)은 업로드 자체가 차단되는 경우가 많다. GAUDIO STUDIO는 다수에게 공개를 전제로 하지 않는 합법적인 범위 내에서의 비영리 목적의 편곡에 다음과 같은 강력한 시너지를 제공한다.

첫째, 동영상 사이트의 URL을 직접 붙여 넣거나 비디오 파일을 업로드하면 오디오를 추출할 수 있다. 이는 저작권 필터가 작동하는 원본 파일 대신, 우리가 필요한 '씨앗'(스템, 멜로디 일부 등)만을 확보하는 방법이 된다. 둘째, 음정(Pitch)과 템포 조정 기능, 녹음 파일의 잡음을 없애 주는 노이즈 제거 기능이 있다. 셋째, GAUDIO

STUDIO는 사용법이 직관적이고 구독료 대신, 사용한 만큼 비용을 지불하는 방식을 지원하고 있어서 학습자가 필요할 만큼만 이용할 수 있다.

이제 GAUDIO STUDIO로 '씨앗'이 될 재료를 손질하고, 이를 SUNO에 심어 새로운 곡을 완성하는 과정을 살펴본다.

반주부를 씨앗으로 새 멜로디 입히기

기존 곡의 화성과 리듬은 그대로 사용하되, 그 위에 전혀 다른 멜로디를 얹어 나만의 곡으로 재창조한다.

1단계: '반주' 추출하기

웹에서는 GAUDIO STUDIO 사이트에 접속해 '보컬 제거(Vocal Remover)'를 선택한 뒤, 분리하고 싶은 파일을 업로드한다. 분리가 완료되면 다운로드 창에서 'Instrumental' 트랙을 선택해서 저장하면 된다. 업로드는 FLAC, WAV, MP3, MP4, M4A 및 URL 삽입이 가능하며, 다운로드는 WAV, MP3 형식으로 지원된다. 모바일에서는 GAUDIO STUDIO 앱을 실행해 파일을 업로드하고, 스템 목록에서 Vocal 또는 Vocal HQ를 선택해 분리를 진행한다. 이후 추출 메뉴에서 개별 트랙 내보내기를 선택하고

'나머지(Other)' 트랙을 골라 저장한다. 이 파일이 화음/리듬이 포함된 악기 반주부 '씨앗'이다.

2단계: '반주 씨앗'으로 새 멜로디 생성하기

SUNO를 열고 'Create' 모드로 이동하여 '+ Audio'를 누르고 'Upload'를 클릭한다. 방금 GAUDIO STUDIO에서 저장한 '반주 씨앗' 파일을 여기에 업로드한다. SUNO는 업로드된 오디오의 스타일, 템포, 분위기를 분석하여 자동으로 'Styles' 칸에 표시한다. 만약 반주 스타일은 원곡 그대로 두고 멜로디와 가수의 목소리만 바꾸고 싶으면 프롬프트 창에 목소리 타입만 쓰면 된다(예시 프롬프트: "A soulful male vocal melody about rain", "속삭이는 듯한 가벼운 소리의 여성 보컬"). 'Create'를 누르면 기존 반주 위에 새로운 멜로디가 생성된다.

그런데 실제로 이 방법을 사용해 보면, 제거했던 원곡 멜로디와 매우 유사한 멜로디를 생성하는 경향이 강하다. AI는 입력된 반주를 듣고 학습 데이터를 기반으로 원곡 멜로디를 '가장 확률 높은 정답'으로 예측하기 때문일 것이다.

기존 멜로디를 씨앗으로 새 스타일 만들기

기존 곡의 멜로디를 차용하고 곡의 스타일을 바꾸는 방법이다. 클래식 음악, 대중음악, 뮤지컬, 오페라, 영화 음악 등에서 자주 사용하는 작곡 기법이며, 이 책의 뒷부분에서도 음악과 극의 통일성을 확보하기 위해 사용할 것이다.

1단계: '멜로디 씨앗' 추출

GAUDIO STUDIO에 원곡을 업로드하고 '음원 분리(Stem Splitter)'를 실행한다. 분리가 완료되면 스템 목록에서 보컬(Vocal) 또는 멜로디를 담당하는 악기(피아노, 기타 등)를 남기고, 나머지 트랙은 모두 음소거(Mute)한다. 이렇게 필요한 트랙만 남긴 상태에서 Mix로 추출하면 원하는 멜로디만 담긴 '멜로디 씨앗'을 만들 수 있다. GAUDIO STUDIO 앱에서는 pitch를 조절할 수도 있다. 이렇게 새롭게 변형된 '멜로디 씨앗'을 MP3 또는 Wave 파일로 내보낸다(Export).

2단계: '멜로디' 씨앗'에 새 옷 입히기

SUNO를 열고 'Create' 모드에서 '+Audio'를 눌러, 방금 GAUDIO STUDIO에서 조정한 '멜로디 씨앗'을 업로드한다. 이제 프롬프트 창에 이 멜로디와 어울릴 '새로운 악기 편성'의 반주를 구체적으로 요청한다. 예를 들어, 프롬프트에 "electric guitar with a slow drum beat" 또는 "full band arrangement, rock ballad"를 입력한다. 이렇게 하면 SUNO는 우리가 업로드한 '멜로디'를 중심으로, 프롬프트에 묘사된 완전히 새로운 장르의 곡을 생성한다.

내가 만든 씨앗을 곡으로 완성하기

샤워 부스에서 흥얼거린 멜로디나 방에서 쳐 본 기타 리프를 멋진 곡으로 업그레이드하는 방법이다.

1단계: 스마트폰으로 '아이디어' 녹음하기

스마트폰의 기본 녹음 앱을 켠다. 머릿속에 떠오른 멜로디를 허밍으로 부르거나 기타나 피아노로 간단한 코드 진행이나 리프를 연주하여 녹음한다. 이때 주변 소음이 약간 들어가도 괜찮다.

한 가지 중요한 팁이 있다. SUNO가 창작자의 의도를 잘 파악하여 곡을 발전시키게 하려면 녹음할 '씨앗'의 최소 요건이 있다. 첫째, '씨앗'이 너무 짧으면 SUNO가 곡의 방향을 잡지 못한다. 내가 원하는 곡으로 제대로 발전시키려면 최소 8마디 정도의 길이는 녹음하는 것이 좋다. 둘째, 베이스 리프(Riff)만 단독으로 업로드하면, SUNO가 그 음을 보컬 멜로디로 인식해 곡을 엉뚱하게 발전시키는 경우가 있다. 이를 베이스라인으로 인식하게 하려면, 베이스 악기 소리만 넣기보다 화성(코드) 전체를 입력하는 것이 효과적이다.

2단계: GAUDIO STUDIO에서 '씨앗' 다듬기

방금 녹음한 '날것'의 음성 파일을 GAUDIO STUDIO에 업로드한다. 가장 먼저 '잡음 제거(Noise Removal)' 기능을 사용해 녹음 파일에 섞여 들어간 에어컨 소리, 차 소리 등의 잡음을 깔끔하게 제거한다. 선택 사항으로 만약 녹음된 멜로디의 음정이 불안하다면 '음정(Pitch)' 도구로 살짝 보정할 수 있다. 이렇게 깨끗하게 다듬어진 '멜로디 씨앗' 또는 '리프 씨앗'을 파일로 내보낸다(Export).

3단계: SUNO에서 '씨앗'을 곡으로 완성하기

SUNO를 열고 'Create' 모드에서 '+Audio'를 눌러, 방금 GAUDIO STUDIO에서 다듬은 녹음 파일을 업로드한다. 이제 프롬프트 창에 이 멜로디/리프를 어떤 곡으로 발전시키고 싶은지 다음 예시처럼 지시한다. "A chill Lofi Hiphop, acoustic guitar riff"라고 장르와 악기를 지정할 수도 있고, inspiration 아이콘을 눌러 SUNO가 추천하는 자주 사용하는 주요 장르 중 하나를 선택하여 곡을 생성하는 방법도 있다.

07
달빛 속 피에로를 몸과 이미지로

인간은 다섯 가지 감각으로 세상을 인식하고 경험한다. 때로 한 감각이 다른 감각을 불러 소리, 몸, 이미지가 서로를 깨운다. 이 장은 드뷔시 〈Pierrot〉와 쇤베르크 〈Der Kranke Mond〉를 감상한 뒤, 해석을 즉흥 마임과 AI 이미지로 표현하도록 설계했다.

시와 애니메이션?

희극과 비극을 넘나드는 달빛 속의 광대

그렇다면 피에로란 어떤 인물일까? 피에로는 코메디아 델라르테의 하인 캐릭터에서 출발해(16세기) 17세기 프랑스에서 몰리에르에 의해 주요 캐릭터로 주목받았고, 19세기 말 파리의 팬터마임 유행 속에서 비극적 · 우울한 상징으로 재해석되었다. 하얀 얼굴과 헐렁한 흰 의상으로 등장하는 피에로는 콜롬비네(Colombine)에 대한 짝사랑으로 고통받지만, 수완 좋은 남자 캐릭터 아를르깽(Harlequin)에게 밀려난다(장지연, 2004). 19세기 말 상징주의자들은 그를 외로운 동반자로, 표현주의는 인간 실존의 불안과 고독의 상징으로, 21세기는 엽기적 조커의 계보로 재해석하며 예술가들의 상상력을 자극하고 있다(김예경, 2020).

드뷔시의 피에로와 하얀 달

드뷔시의 〈피에로〉(1881)는 인상주의 어법 확립 이전의 작품이다. 인상주의 음악은 인상주의 미술보다는 상징주의 문학의 영향 아래 발전했다. 이번에 감상할 곡은 테오도르 방빌(Théodore de Banville)의 시에 붙인 것으로, 상징주의 시는 아니지만 훗날 상징주의로 이어지는 환상성, 우울, 예술가와 피에로의 동일시 같은 요소가 드러난다(반명진 · 민경훈, 2024). 드뷔시는 이 곡을 헌정한 콜로라투라 소프라노 마리 바니에(Marie Vasnier)의 음색에 맞춰 음정 도약이 많은 멜로디를 썼다. 또한 프랑스 민요 선율을 변형해 피에로를 친근하면서도 구슬프게 그린다. 마지막 행의 '가스파르'는 19세기 파리 퓌낭빌 극장에서 피에로 역으로 명성을 얻은 실존 인물을 가리킨다(Kimball, 2000).

가사 번역

군중들의 시선을 받았던 착한 피에로는
아를르깽의 결혼식이 끝난 후
계속 생각에 잠겨 교회의 가로수길을 걷고 있네.
부드러운 외투를 입은 한 소녀가
장난기 어린 눈빛으로 그를 유혹하듯이 보았지만
소용이 없네.
그러나 그녀의 신비로움과 부드러움은
그를 더욱 황홀하게 만드네.
황소 뿔 모양의 하얀 달은
그의 방에 있는 그의 친구
쟝 가스파르에게 추파를 던지네
(출처: 반명진 · 민경훈, 2024).

쇤베르크의 피에로와 병든 달

아널드 쇤베르크(Arnold Schönberg)의 《Pierrot Lunaire(달에 홀린 피에로)》는 1912년에 발표된 연가곡으로, 표현주의 음악의 대표작으로 평가받는다. 이 작품은 벨기에 시인 알베르 지로(Albert Giraud)가 프랑스어로 쓴 50편의 시를 독일 시인 하르트레벤(Hartleben)이 번역한 텍스트를 바탕으로 한다. 쇤베르크는 이 가운데 21편을 선별해 7곡씩 3부로 나누어 작곡하였다(김민정 · 김지현, 2011). 편성은 소프라노 1명과 5명의 연주자가 8개의 악기를 연주하는 형태이며, 곡마다 다른 악기 조합을 사용한다. 그는 '말하는 노래'로 번역되는 슈프레흐슈팀메(Sprechstimme)를 도입했고, 초연은 연극배우이자 성악가 알베르틴 체메(Albertine Zehme)가 맡았다(오희숙, 2009). 제7곡 〈Der Kranke Mond(병든 달)〉는 피에로의 달에 대한 연민과 열망을 매우 조용한 음향과 느린 빠르기, 소규모 편성(플루트 & 성악)으로 섬세하게 그려낸다(오희숙, 2009).

가사 번역

그대 밤이면 죽음의 병이 드는 달이여

거기 하늘의 검은 베개 위에 누워

열에 들떠 활짝 열린 그대의 눈길은
낯선 멜로디처럼 나를 사로잡는다.
달랠 길 없는 사랑의 고통으로
그대는 죽어간다. 그리움으로, 깊이 숨이 막혀,
그대 밤이면 죽음의 병이 드는 달이여
거기 하늘의 검은 베개 위에 누워
감각의 도취에 빠져 생각 없이
연인에게 다가가는 사랑에 빠진 이를
그대의 빛의 유희는 즐겁게 해준다.
너의 파리한, 고통에서 솟아나는 피,
그대 밤이면 죽음의 병이 드는 달이여
(출처: 오희숙, 2009).

즉흥 마임으로 표현하기

이 활동은 드뷔시 〈피에로〉와 쇤베르크 〈병든 달〉을 배경 음악으로, 대사 없이 즉흥 마임으로 두 곡을 해석하고 공유하도록 설계한다. 학급은 두 팀(드뷔시 팀 · 쇤베르크 팀)으로 나누되 규모에 따라 팀 수를 늘릴 수 있다. 먼저 등장인물을 정한다. 피에로와 달은 반드시 포함하고, 필요하면 아를르깽 · 콜롬비네 · 거리의 사람들 · 관객 등을 추가한다. 각 팀은 인물의 성격과 관계를 한두 문장으로 정리하고 극 중 상황을 하나 정한다(예: 피에로가 달에게 콜롬비네에 대한 사랑과 그리움을 털어놓는다. 달은 그의 하소연을 들으며 점점 병들어 간다). 연습은 '이어 말하기'로만 진행한다. 한 학생이 한 문장을 말하면 다음 학생이 이어 즉흥 연기를 해 가면서 줄거리를 잡는다. 공연이 시작되면 교사는 해당 팀의 음악을 무성영화 반주처럼 틀어 준다. 무대에서는 대사를 금지하고, 의미 전달은 표정 · 시선 · 신체 움직임으로만 한다. 발표가 끝나면 관객 팀이 먼저 무대에서 본 행동을 근거로 무슨 내용이었는지 느낀 대로 말한다. 이어 연기 팀이 자신의 의도와 달 · 피에로의 관계를 밝힌다. 교사는 먼저 잘한 점을 구체적으로 칭찬한다(음악과 움직임이 맞아떨어진 순간, 시선 · 거리, 표정, 자세 등). 이어 "어떤 감정을 더 표현하고 싶었나요?" "다시 한다면 어떻게 하고 싶은가요?" 등의 질문을 가볍게 던진다. 이 활동의 목표는 음악을 이해하고 나름대로의 해석을 즉흥극으로 표현해 보는 것이므로 학생들에게 완벽함을 요구하지 않는다.

피에로와 달을 이미지로 표현하기

이제 개인 과제로 두 곡(드뷔시 〈피에로〉, 쇤베르크 〈병든 달〉) 중 한 곡에 나오는 피에로를 자신의 상상력의 세계 안에서 표현해 본다. 그 전에 피에로와 달을 그린 작품들을 보여 주고(앙투안 왓토, 폴 세잔, 조르주 쇠라, 파블로 피카소, 마르크 샤갈, 파울 클레, 조르주 루오, 오딜롱 르동), "어떤 작품이 가장 마음에 드나요? 왜 그렇게 느꼈나요?"라고 묻는다. 한 학생씩 돌아가며 말하게 하되, 말하기를 주저하는 학생에게는 강요하지 않는다. 이어서 "그렇다면 당신이 상상하는 피에로의 세계를 글로 한 번 표현해 보세요"라고 안내하고 서술적 서사(3~6문장)를 쓰게 한다.

예시 1.

피에로가 콜롬비네의 결혼식을 보고 돌아오는 길, 거리는 행복으로 빛난다. 사람들은 짝을 지어 스쳐 지나가고, 피에로는 고개를 숙인 채 발끝만 보며 걷는다. 달은 중성적인 얼굴로 면사포를 쓰고 연민 어린 눈으로 그를 내려다본다. 가스등의 불빛은 수채 물감처럼 번져, 따뜻하지만 외로운 마음을 닮았다.

예시 2.

매일 밤, 피에로는 도시의 광장 한가운데서 달빛을 향해 손을 뻗는다. 달빛은 잡히지 않고, 그의 얼굴에는 미소와 눈물이 동시에 남는다. 달빛은 고결함의 상징이지만 현실에서는 닿지 않는 이상이다. 군중의 소음 속에서 그의 몸짓은 희극으로만 소비되고, 그는 그 일부라는 사실 때문에 괴로워한다. 달빛은 병들어 있어 파리하다.

다음 단계에서는 글을 AI 이미지 생성용 프롬프트로 변환한다. 먼저 AI에게 2~3가지 구도 초안을 먼저 제안하도록 요청하고, 그중 하나를 선택·수정하게 하면 백지 상태에서 시작하는 막막함을 해소할 수 있다. 그리고 만약 저작권이 만료되지 않은 특정 작가의 화풍을 반영하고 싶다면, AI에게 해당 작가의 양식·색감·질감의 특징을 묘사하는 방법을 먼저 묻고, 그 답변을 프롬프트에 반영하여 화풍을 구체화할 수 있다. 이미지를 생성해보고 결과가 기대와 다르면 프롬프트를 수정하여 다시 생성한다.

과제 제출물은 결과물만이 아니라 과정 전체로 받는다. 초기 서사, 1차 프롬프트, 중간 이미지와 수정 이유, 최종 프롬프트, 최종 작품과 선정 이유를 제출한다. 피드백은 따뜻한 언어로 예술적 공감을 표한다.

참고문헌

김민정·김지현(2011). "시청각 경험을 통한 현대음악 통합 지도 방안 연구: 쇤베르크의 〈달에 홀린 피에로〉를 중심으로". 《예술교육연구》, 9(2), 19~39쪽.

김예경(2020). "현대 '공포스런 광대'의 출현: 19세기 프랑스 팬터마임의 광대에서 '조커'까지". 《영상문화》, 37, 55~82쪽.

반명진·민경훈(2024). "드뷔시 〈Pierrot〉를 대상으로 한 음악 교육의 융합적 접근". 《문화와융합》, 46(1), 1377~1391쪽.

오희숙(2009). 《쇤베르크 〈달에 홀린 피에로〉》. 음악세계.

장지연(2004). "콤메디아 델아르테: 웃음의 대중성". 《공연과이론》, 13, 29~34쪽.

Kimball, C.(2000). *Song: A Guide to Style and Literature*. Hal Leonard.

08
다시 쓰는 〈여인의 사랑과 생애〉

슈만의 연가곡 〈여인의 사랑과 생애〉에 나타난 여성 서사를 분석하고 비평적으로 재해석하여 자신만의 고유한 내러티브를 구축하기 위한 기반을 마련한다. 사랑 · 기쁨 · 상실로 이어지는 여덟 곡의 흐름을 가사와 음악의 상호작용을 중심으로 살펴보고, 이 서사가 남성의 관점에서 구성된 여성의 삶이라는 점을 비판적으로 고찰한다. 마지막으로, 현대 여성의 시각에서 이 연가곡의 서사를 재구성하는 활동으로 확장한다.

AI와 인재 채용?

슈만의 〈여인의 사랑과 생애〉

〈여인의 사랑과 생애〉는 시인 아델베르트 폰 샤미소가 쓴 연작 시 가운데 여덟 편을 골라 슈만(Robert Schumann, 1810~1856)이 곡을 붙인 연가곡이며, 로버트 슈만이 클라라와 결혼하던 해인 1940년에 완성하였다. 이 작품은 특이하게도 남성 시인과 남성 작곡가가 여성의 목소리를 빌려, 한 여인의 첫사랑에서 결혼, 출산, 남편의 죽음에 이르기까지의 삶을 따라가며, 마치 직접 경험한 듯한 1인칭 시점으로 노래하고 있다.

가사와 음악 분석하기

〈여인의 사랑과 생애〉는 가사와 음악이 긴밀하게 결합한 완성도 높은 예술가곡의 전형을 보여 준다. 시로 표현된 여인의 감정은 마치 가사로 밑그림을 그리고 음악을 물감으로 사용해 색칠하듯 조성, 빠르기, 리듬, 화음을 통해 섬세하게 표현된다.

1단계: 곡의 흐름과 분위기 파악하기

첫 번째 단계에서는 연가곡 전체의 줄거리와 감정의 흐름을 이해하는 데 초점을 둔다. 학생들은 각 곡의 한국어 번역 가사를 먼저 읽고, 이어서 음악을 들으며 시의 내용

표 8-1 〈여인의 사랑과 생애〉의 내용과 분위기

no.	시 내용 요약	감정과 분위기
1	첫사랑에 빠진 여인의 심정	설레는, 꿈꾸는 듯한, 간절한
2	연인을 찬미	감격, 추앙하는
3	그가 나를 선택했다는 믿기 힘든 사실	환희에 찬, 벅찬
4	약혼 반지를 바라보며 영원한 사랑을 맹세	진실한, 따뜻한
5	결혼식 준비와 자매들과의 이별	분주한, 축제 분위기, 이별의 아쉬움
6	임신 소식을 알림	신비로운, 기쁨
7	아기를 안고 느끼는 모성애	벅차오르는, 행복한
8	남편의 죽음과 슬픔	공허한, 무거운

과 음악이 만들어 내는 분위기를 연결해 본다. 이때 다음 예시와 같이 곡에 나타난 감정과 분위기를 기록하게 하면, 곡을 깊이 있게 이해할 수 있고, 이후 편곡을 위한 프롬프트를 작성할 때도 도움이 된다.

학습 활동 과정에서 인공지능을 활용해도 좋다. 그러나 단순히 AI의 답변을 그대로 베껴내면 의미가 없으니, 반드시 모둠별로 토론을 거쳐 가장 적절한 단어를 선택하게 하면, 이 과정에서 입으로 말하고 귀로 들어보는 경험을 통해 표현이 비로소 자기 것이 된다.

2단계: 곡의 전체 구조 분석하기

(1) 슈만의 연가곡 형식 분석하기

앞서 다루었듯 음악의 형식은 곡의 설계도와 같다. 슈만의 작품을 분석할 때도 가장 먼저 해야 할 일은 전체적인 구조를 파악하는 것이다. 학생들이 전주, 간주, 후주와 노래 부분을 직접 구분해 보도록 지도한다. 이 과정은 단순히 곡을 분석하는 것을 넘어, 음악의 형식과 스타일을 구체적으로 설계하기 위해 필수적인 구조적 사고력을 길러준다.

(2) 예술가곡에 나타난 가사와 음악의 긴밀성

예술가곡은 시와 음악이 긴밀히 결합된 예술로, 가사와 음악의 관계를 이해하려면 악보를 직접 확인하면서 각 단어와 감정이 음악적 요소로 어떻게 드러나는지 살펴보는 것이 중요하다. 슈만의 〈여인의 사랑과 생애〉에서는 시의 진행과 더불어 여인의 심리 변화를 음악적으로 섬세하게 그려낸다. 첫 곡에서는 'blind'(눈이 멀어)라는 단어에 순간적인 화성 변화를 주어 시야가 흐려지는 듯한 효과를 표현하고, 'empor'(솟아오른다)는 음형을 상행시키며 감정의 고양을 묘사한다. 3곡에서 선택받은 기쁨은 빠른 심장 박동을 연상시키는 스타카토와 빠른 템포로 표현한다. 반면 마지막 곡은 단조, 느린 템포, 무거운 느낌의 화성으로 남편을 잃은 여인의 깊은 슬픔을 전달한다. 특히 8곡에서는 마치 영화의 한 장면에서 주인공이 첫사랑의 순간을 회상하듯 제1곡의 선율이 후주에서 다시 등장한다(문아름, 2021). 인공지능은 아직 이 정도 수준의 가사 표현을 음악으로 하는 단계에는 이르지 못하였다.

3단계: 메타태그와 스타일 프롬프트로 표기하기

다른 사람의 곡을 분석하는 것은 내 곡을 창작하는 가장 좋은 밑거름이 된다. 이번 단계에서는 분석한 내용을 바탕으로 SUNO에 입력할 메타태그와 스타일 프롬프트로 변환해 본다. 예를 들어 제1곡의 형식은 전주-1절-간주-2절-후주로 구성되어 있으므로 다음과 같이 구조화할 수 있다.

[intro][piano solo]

[verse 1][female voice][piano accompaniment]
그분을 보고 난 이후로
나는 장님이 된 것 같아요.
어디로 눈을 돌려도 그이만 보여요.

마치 눈을 뜬 채 꿈을 꾸고 있는 것처럼
그분의 모습이 눈앞에 떠올라
더없이 어두운 곳에서 점점 밝게 떠올라

[interlude][piano solo]

[verse 2][female voice][piano accompaniment]
그분 이외에
내 주위에 모든 것이 빛을 잃었어.
자매들과 같이 놀 기분도 들지 않고
오히려 조그만 방에서 조용히 울고 싶을 뿐이야.
그분을 보고 나서 나는 눈이 먼 것 같아.
[outro][piano solo][fade to end]

다음은 스타일 칸에 넣을 프롬프트를 써 보자. 여기에는 조성, 박자, 느낌, 빠르기를 쓴다.

major key, 3/4 meter, mood:excited

이대로 실행해 보면 사용자가 지정한 악기 편성, 빠르기, 느낌은 잘 반영되지만 1절과 2절이 같은 멜로디로 만들어지지 않거나, 3/4박자를 지시했는데도 4/4박자로 작곡되는 경우가 있다. Style을 'Waltz'로 지정하면 3/4 박자가 되기는 하지만, 전형적인 춤곡 분위기가 강하게 나타나기도 한다. 또 [Piano accompaniment]라고 써도 드럼 소리가 함께 나올 때가 있는데, 이럴 때는 Option의 exclude style 칸에 "drum"이라고 입력하면 해결할 수 있다. 하지만 어떻게 해도 현재의 AI는 슈만처럼 가사와 음악의 긴밀한 상호작용을 정교하게 반영하여 작곡하는 수준에는 미치지 못한다.

비평적 감상과 토론

1840년에 완성한 슈만의 〈여인의 사랑과 생애〉는 샤미소의 연작 시집(1830)에 수록된 아홉 편 중 여덟 편을 선택하여 곡을 붙인 작품이다. 흥미로운 점은 슈만이 마지막 한 편－노년에 접어든 여인이 자녀와 손주를 통해 삶의 위안을 찾는 시－을 제외했다. 대신 그는 8번째 곡의 끝부분을 여인이 남편과의 추억을 되새기는 긴 피아노 후주로 마무리하였다(Kimball, 2000) 이 선택은 단순한 생략이라기보다 여인의 삶을 작곡가의 관점에서 재해석한 결과로 볼 수도 있다.

한편 찰스 로젠(Charles Rosen, 1995)은 이 작품이 직

접적인 서사를 전달하지 못하고, 당시 사회가 기대한 이상적인 여성상만을 보여 주고 있을 뿐이라고 비판한다. 캐롤 킴볼(Carol Kimball) 역시 샤미소의 시가 여성을 남편 중심으로 살아가는 존재로 한정하고 있다는 점에서 현대 독자들에게 불편함을 준다고 지적한다. 이제 이러한 문제의식을 바탕으로 다음과 같은 주제로 토론할 수 있다.

1. 슈만은 샤미소의 아홉 번째 시를 생략하고, 마지막 곡을 남편의 기억을 회상하는 후주로 마무리했다. 이 선택에는 여러 해석이 가능하다. 여성을 독립적 주체로 표현하려는 시도였을까 아니면 클라라가 자신만을 기억하기를 바랐던 슈만의 개인적 욕망의 표현이었을까? 혹은 다른 의도였을까?
2. 클라라 슈만은 당대에 드물게 전문 음악가로 활동한 여성이었다. 만약 그녀가 직접 〈여인의 사랑과 생애〉를 썼다면 어떤 내용과 정서가 담겼을까?
3. 현대 여인의 생애를 주제로 연가곡을 쓴다면 어떤 장면이나 사건이 변경 · 추가되어야 할까?

다시 쓰기

토론 내용을 바탕으로 여인의 생애를 21세기 현대 여성의 시점으로 다시 써 본다. 슈만의 원곡이 그러했듯, 가사의 내용이 바뀌면 그에 맞춰 음악의 분위기(Mood)와 조성(Key)도 달라져야 한다.

이번 활동의 핵심은 가사에 담긴 정서의 변화를 AI가 이해할 수 있는 명확한 '태그'로 변환하는 것이다.

다음은 제7곡을 '육아와 경력 사이에서 갈등하는 현대 여성'의 시점으로 재해석한 가사를 생성하기 위한 프롬프트의 예시다.

> 다음 내용과 형식으로 한국어 가사를 써 줘.
>
> 형식: A-B-A.
>
> A: 사랑스러운 아이와 가정의 안정감
>
> B: 경력 단절 · 육아 부담에 대한 불안
>
> A: 다시 아이의 미소에서 위안을 얻는 마음

이렇게 생성된 가사를 다듬고 각운을 맞춘 후, 음악 생성을 위한 메타태그를 다음 예시와 같이 설정한다. A-B-A 형식을 사용하여, 가정의 따스함 → 불안과 상실감 → 다시 평온으로 돌아오는 정서적 흐름을 음악적으로 구현하였다. 1절과 3절에는 장조를 사용하고 현악기를 반주로 사용하여 안정감과 행복의 감정을, 2절에는 단조와 불협화음을 사용하여 불안을 표현하도록 설계하였다.

[verse 1]

[major][string accompaniment][intimate]

내 가슴에 안긴 아이여

너는 나의 빛이어라.

고요한 방에 스미는 숨

나의 기쁨, 나의 노래라.

[Bridge][instrumental][guitar only]

[verse 2]

[minor][dissonant harmony][anxious]

나도 누군가의 사랑스러운 딸이었지

사무실의 내 책상엔 누가 앉아 있을까?

나도 누군가의 자랑스러운 딸이었지

사무실의 내 자리가 없어지면 어쩌지?

[verse 3]

[major][string accompaniment][intimate]

아이의 웃음이여

작은 손이어라.

고요한 방에 스미는 숨

나의 기쁨, 나의 노래라.

다음 메타태그는 A-B-A의 감정 대비를 분명히 하여, 가정의 따스함 → 불안과 상실감 → 다시 평온으로 돌아오는 정서적 흐름을 음악적으로 구현하려는 의도다. 1절과 3절에는 major를 사용하고 현악기를 반주로 사용하여 안정감과 행복의 감정을 2절에는 단조와 불협화음을 사용하여 불안을 표현하도록 설계하였다.

참고문헌

문아름(2021). "슈만의 〈여인의 사랑과 생애〉에 대한 연주자 관점에서의 분석 연구". 한양대학교 박사학위논문.

Kimball, C.(2000). *Song: A Guide to Style and Literature*. Hal Leonard.

Rosen, C.(1995). *The Romantic Generation*. Harvard University Press.

09
공감과 치유의 학교폭력 예방 뮤지컬

공감과 치유를 위한 학교폭력 예방 뮤지컬 창작 수업을 소개한다. 먼저 스타일 프롬프트와 가사의 구조와 형식이 음악에 미치는 영향을 분석하여, 음악적 장치가 정서 표현을 어떻게 결정하는지 체득한다. 나아가 AI를 정교하게 제어하여 타인의 고통을 위로하는 메시지를 예술로 구체화하며, 학교폭력 문제를 성숙한 시민 의식으로 바라보는 프로젝트의 전 과정을 담았다.

AI와 기자?

같은 이야기, 다른 음악적 표현

음악극을 쓸 때, 극의 상황과 감정에 꼭 맞는 음악적 언어를 선택하면 메시지는 명확해지고 극의 정서는 더욱 생생해진다. 어떤 음악 스타일을 적용하느냐에 따라 다른 극적 표현을 할 수 있는지 알아보기 위해, 그 예시로 셰익스피어의 고전 〈로미오와 줄리엣〉을 기초로 한 세 편의 작품을 비교한다. 제라르 프레스귀르비의 뮤지컬 〈Roméo et Juliette, de la haine à l'amour〉(2001), 샤를 구노의 오페라 〈Roméo et Juliette〉(1867), 그리고 레너드 번스타인의 뮤지컬〈West Side Story〉(1957) 속의 같은 결투 장면이 각기 다른 장르와 스타일 안에서 어떻게 다르게 표현되는지 살펴본다. 이러한 비교는 학생들이 감상과 토론을 통해 장르 · 음색 · 리듬 · 구조가 정서 형성에 어떤 영향을 미치는지 이해하고, 자신의 창작 과정에서 그저 AI에게 전적으로 의존하는 것이 아니라 음악 스타일을 능동적으로 선택할 수 있도록 하는 감각을 키우는 데 도움이 될 것이다.

프랑스 뮤지컬 〈로미오와 줄리엣, 증오에서 사랑으로〉는 대중음악 작곡가 제라르 프레스귀르비(Gérard Presgurvic)가 작곡한 팝 · 록 기반의 작품이다. 넘버 중심 구조로 장면마다 독립된 노래가 등장하며 빠른 템포,

강한 드럼 비트, 전자 악기 편성이 결투 장면의 직접적인 감정을 강조한다. 관객은 분노와 긴장감을 즉각적으로 체감하며, 감정의 폭발이 서사보다 앞서 전달된다.

샤를 구노(Charles Gounod)의 오페라 〈Roméo et Juliette〉는 낭만주의 클래식 전통에 따라 관현악이 극을 이끌고, 레치타티보 · 아리아 · 중창이 유기적으로 연결된다. 대규모의 오케스트라와 합창이 격렬한 결투와 폭력의 비극성을 웅장하게 묘사하고 있다. 또한 이 작품에서는 오케스트라가 단순 반주가 아니라 극의 긴박감을 더하고 친구를 잃은 비통함을 입체적으로 표현하는 역할을 한다.

레너드 번스타인(Leonard Bernstein)의 〈West Side Story〉는 로미오와 줄리엣을 1950년대 미국 도시로 옮겨, 가난한 이민자 집단 간의 인종 갈등을 다룬다. 번스타인은 클래식 음악 지휘자이자 작곡가인데, 이 작품에서는 재즈, 라틴 리듬 등 다양한 음악적 소재를 활용했다. 결투 장면인 "The Rumble"은 노래 없이 대사, 기악, 춤만으로 전개되며 불규칙한 리듬과 강한 타악기는 도시의 긴장과 폭력의 현실감을 생생히 드러낸다.

이처럼 동일한 줄거리라도 음악적 스타일이 달라지면 전해지는 감정과 메시지 역시 달라진다. 세 작품의 결투 장면을 감상한 후, 다음 질문을 통해 학생들의 토론을 이끌어 본다.

- 같은 '분노' '다툼' '증오' '슬픔'이라도 리듬, 악기 편성, 템포 등에 따라 세 작품에서 어떻게 다르게 들렸는가?
- 장르(클래식 · 팝 · 재즈)가 감정 전달 방식에 어떤 차이를 만들었는가?

이러한 분석적 감상 경험은 학생들이 자신만의 창작 뮤지컬을 만들 때, 어떤 장면을 어떤 음악 언어로 표현할지 스스로 선택하도록 돕는다.

음악에 반영되는 가사의 구조와 리듬

SUNO는 자연어 리듬(NLP rhythm) — 언어가 가진 구조적 리듬 — 을 분석하여 음악을 생성한다. 즉, 가사의 의미뿐 아니라 문장의 길이, 단어의 수, 강세, 운율, 반복되는 패턴까지 종합적으로 고려한다.

이러한 원리를 확인하기 위해, 후렴구가 반복되는 15세기 샤를 도를레앙이 쓴 론도(Rondeau) 형식의 정형시 〈Le temps a laissé son manteau〉를 SUNO에 입력해 보았다.

Le temps a laissé son manteau
De vent, de froidure et de pluie,
Et s'est vêtu de broderie,
De soleil luisant, clair et beau.
Il n'y a bête, ni oiseau,
Qu'en son jargon ne chante ou crie :
Le temps a laissé son manteau
De vent, de froidure et de pluie.

그 결과는 흥미로웠다. 반복되는 시행인 "Le temps a laissé son manteau"가 등장할 때마다 같은 멜로디가 되풀이되었다. SUNO가 가사의 음절 패턴과 반복 구조를 '후렴구(chorus)'로 인식해 자동으로 선율적 반복을 만들어 낸 것이다.

이번에는 학생들이 직접 창작한 학교폭력 예방 뮤지컬의 가사를 SUNO에 입력해, 가사의 자연어 리듬이 음악의 스타일에 어떤 변화를 일으키는지 실험해 보았다. 프롬프트에서 '브로드웨이 스쿨 뮤지컬' 스타일을 설정하되 가사의 구조만 다르게 입력했다. 악기 편성이나 보컬 스타일은 설정하지 않았다.

나의 악장 자리가 그렇게 부러웠니? 나는 열심히 연습한 죄 밖에 없는데
키가 자라 짧아진 교복 치마, 못 잘라서 길어진 내 생머리, 그게 뭐가 잘못됐어?
네가 좋아하는 그 오빠, 나는 관심도 없어.

첫 번째 가사는 서사적이고 긴 독백 형태로 구성했다. 문장의 길이가 일정하지 않고 운율 또한 불규칙하다. 그러자 SUNO는 감정적이고 서정적인 발라드 스타일의 여성 보컬이 부르는 독창곡을 생성했다. 입력한 가사의 자연스러운 말의 흐름을 살리려는 방향으로 곡을 생성하며, 멜로디는 독백의 대사처럼 완만하게 전개된다.

(하) 너도 그럼 연습해! (하) 나 좀 그만 괴롭혀!
(하) 너도 그럼 공부해! (하)나 좀 그만 괴롭혀!
나의 재능 내 노력이 그렇게 부러웠니?
실기 일등, 악장 자리, 그렇게 샘이나니?

두 번째 가사는 짧고 반복적인 어구로 구성했다. 학교폭력은 그만!이라는 단호한 의지를 담아 "(하)"라는 기합소리를 넣어 리듬을 강조했다. 일정한 강세와 후렴의 반

복 구조가 뚜렷하므로, SUNO는 이를 리듬감 있는 스쿨록(school rock) 스타일의 곡을 생성했다. 드럼과 기타 중심의 비트가 강조된 경쾌한 템포로, 합창이 어우러지는 에너지 넘치는 곡이 만들어진다.

팀 프로젝트 진행 순서 및 평가

이 팀 프로젝트는 학생들이 음악과 극의 관계를 분석하고 이를 창작에 적용하는 경험을 하도록 설계되었다. '학교폭력'이라는 주제를 음악으로 풀어내, 관객에게 공감과 치유, 연대의 메시지를 전달하는 30분 분량의 단편 뮤지컬을 제작한다.

수업의 목표는 단순히 AI를 이용해서 곡을 만들어 보는 체험을 넘어, 학생들이 참고로 할 곡들을 스스로 찾아 AI의 도움을 받아 분석해 보고, 이를 바탕으로 창작 의도를 언어적으로 구조화하여 프롬프트로 작성하고, 음악 생성과 수정을 거듭해 보는 시도를 통해 음악의 스타일을 이해하고, 극을 음악으로 표현하는 법을 스스로 터득하도록 하는 데 있다. 프로젝트 수행은 다섯 단계로 진행된다.

1단계: 학교폭력에 관한 연구와 시놉시스 작성

학생들은 학교폭력의 원인과 유형, 가해자와 피해자의

심리에 대한 문헌을 조사한다. 교사는 학생들이 학교폭력을 단순한 '처벌 문제'로만 바라보지 않고 사과, 화해, 치유, 존엄성 회복과 같은 인간적 메시지로 접근하도록 안내해야 한다. 그래야만 이 과정을 통해 주제에 대한 비판적 이해와 공감 능력을 함께 키우게 된다. 자칫 처벌 위주의 자극적인 복수극으로 흐를 경우, 공격성만 자극하는 부작용을 낳을 수 있기 때문이다.

2단계: 대본과 가사 창작

학생들은 조별로 대본을 구성하고, 30분가량 되는 곡에 들어갈 각 넘버의 기능(오프닝, 내적 갈등, 전환, 피날레 등)과 편성(솔로, 듀엣, 합창, 기악곡)을 정리한 계획표를 작성하며, 장면별 감정 변화와 음악적 구조를 구체화한다. 교사는 이 단계에서 음악 형식과 극적 전환의 관계를 지도한다.

3단계: AI 작곡 프롬프트 설계와 음악 생성

학생들은 자신이 쓴 가사와 창작 의도, 이 책의 앞에서 다룬 사용법을 참고하여 AI에게 명령할 프롬프트를 만든다. 이 단계의 핵심은 학생이 자신의 창작 의도를 언어로 명확하게 구조화하여 AI를 협력자로 활용하도록 하는 데 있다. 앞에서 살펴본 로미오와 줄리엣의 결투 장면에서는 작품마다 서로 다른 편성과 장르가 사용된다는 점을 분석하였다. 이 분석 방식을 응용해, 학생들은 자신의 장면과 어울리는 전혀 다른 곡을 자유롭게 찾아 그 편성 · 리듬 · 장르 특징을 파악하고, 이를 프롬프트에 구체적으로 반영하도록 지도한다. 원하는 곡의 장르나 스타일을 검색하거나 대화형 AI에게 적절한 프롬프트를 추천받을 수 있다. 반대로 레퍼런스 음원을 SUNO에 직접 업로드하여, AI가 해당 곡을 어떤 스타일 태그로 분석하는지 역으로 확인해 보는 방법도 효과적이다.

4단계: 음원과 시각 자료로 동영상 제작

AI가 생성한 음악을 정리하고, 각 장면을 표현할 이미지를 AI로 활용하여 생성한다. 그 후에 음악과 이미지를 결합해 하나의 뮤지컬 영상으로 편집한다.

5단계: 발표와 보고서

각 팀은 완성된 뮤지컬 영상을 시연하고, 창작 과정과 AI 협업 과정을 정리한 보고서를 제출한다. 보고서에는 곡의 구조 분석표, 프롬프트 설계 근거, 창작 의도가 포함된다. AI가 반영하지 못한 점도 함께 적어 제출한다.

평가: 결과보다 과정을 평가

공연의 완성도보다 음악적 이해와 분석, 그리고 이를 창작에 적용하려는 시도와 노력에 초점을 두고 과정과 결과를 모두 평가해야 한다. 학생이 자신의 메시지를 얼마나 명확히 정의하고, 그 의도를 프롬프트로 구체화했는가를 평가할 수 있다.

참고문헌

양은영·김춘식(2019). "예술을 활용한 학교폭력 예방교육 프로그램:'함께하는 뮤지컬'의 공감 능력 향상 효과 연구". 《문화와융합》, 41(5), 1~30쪽.

10
자서전 앨범 만들기

누군가의 삶을 노래로 따라가는 경험은 타인과의 거리를 좁힌다. 이 장은 이 책의 최종 창작 프로젝트다. 한 인물의 실제 삶의 순간들을 베를리오즈, 베르디, 바그너의 서사적 작곡 기법을 적용한 곡을 AI로 구현하여 한 사람의 드라마와 같은 인생을 하나의 앨범으로 완성해 본다.

AI와 미래 의사?

서사적 작곡 기법이란

이 장에서는 특정 멜로디에 의미를 부여하여 청자의 감정을 이끌고, 극의 플롯을 촘촘하게 연결하는 서사적 작곡 기법을 사용해 본다. 이러한 음악적 장치는 인물의 성격과 감정을 더욱 선명하게 드러내고 서사의 통일성을 자연스럽게 만들어 준다.

베를리오즈, 베르디, 그리고 바그너(와 존 윌리엄스)가 사용한 세 가지 '모티브(Motive)' 기법을 구체적인 감상과 함께 살펴본다.

베를리오즈의 '고정 악상(Idée Fixe)'

집요하게 따라오는 하나의 멜로디로 〈환상 교향곡〉에서 작곡가가 사랑하는 여인을 상징하는 하나의 긴 주제 멜로디(Idée Fixe)가, 주인공의 상황이 바뀔 때마다(무도회, 전원, 단두대) 계속해서 등장하며 그를 따라다닌다. 먼저 1악장 "꿈, 열정"에서 플루트와 바이올린으로 연주되는 '고정 악상'의 원형을 들려준다. 이어서 2악장 "무도회"의 왈츠 중간에 이 멜로디가 왈츠 리듬으로 끼어드는 부분, 그리고 5악장 "마녀의 밤의 꿈"에서 1악장의 멜로디가 E♭ 클라리넷의 기괴한 소리로 '왜곡'되어 등장하는 부분을 차례로 들려주며 멜로디의 변화를 확인시킨다.

베르디의 '추억의 모티브(Reminiscence Motive)'

베르디는 과거의 특정 장면에서 나온 멜로디를 현재 장면에서 '그대로' 다시 가져와 인물의 회상을 직접적으로 표현한다. 먼저 오페라 〈라 트라비아타〉 1막의 행복한 '사랑의 이중창' 〈Un dì, felice, eterea〉에서 비올레타와 알프레도가 함께 부르는 "사랑의 주제(A quell'amor…)"를 들려준다. 이제 3막으로 넘어가 병으로 생이 얼마 남지 않은 비올레타가 편지를 읽는 장면을 듣는다. 그녀가 편지를 읽어 내려갈 때, 오케스트라가 1막의 그 멜로디를 그대로 가져오되 훨씬 여리고 희미한 음색으로 연주하며 지난 사랑의 추억을 불러온다. 이 사랑의 모티브는 마지막 장면에서도 다시 등장한다. 비올레타가 마지막 힘을 다해 일어섰다가 조용히 생을 마감하는 순간, 오케스트라는 1막에서 울리던 그 주제를 다시 한번 들려준다. 처음의 환희와는 전혀 다른, 지극히 가늘고 맑은 색채로 연주되는 이 반복은 사랑의 기억이 끝까지 그녀를 떠나지 않았음을 보여 주며 작품의 비극적 정서를 완성한다.

바그너의 라이트모티브(Leitmotif)

바그너가 '악극'에서 완성시킨 기법으로, 인물, 사물, 개념마다 짧은 '음악적 표식'을 부여하고, 서사에 따라 이 모티브들이 적극적으로 변형, 발전, 결합한다.

여기서는 학생들이 잘 알고 있는 바그너의 라이트모티브 기법을 계승한 존 윌리엄스의 〈스타워즈〉 OST를 활용한다. 먼저 "다스베이더 테마(Imperial March)"를 들려준다. 이 멜로디가 상징하는 것(악, 제국, 공포, 힘)을 인지시킨다. 다음으로 〈제다이의 귀환〉의 마지막 결투 장면의 음악을 들려준다. 악의 화신이던 다스베이더는 아들인 루크 스카이워커가 황제의 고문으로 죽어가는 것을 보다 못해 황제를 배신하고 아들을 구한다. 이 과정에서 자신도 치명상을 입고, 가면을 벗어던진 채 '다스베이더'가 아닌 본래의 '아나킨 스카이워커'로서 죽음을 맞이한다. 바로 이 '구원'과 '죽음'의 순간에 흘러나오는 음악(Darth Vader redemption theme)을 들려준다. 다스베이더의 라이트모티브가 조용한 하프 선율로 바뀌어 흐르며, 악당에서 아버지로 돌아온 인물의 내면적 변화와 구원을 음악적으로 드러낸다.

1단계: 자서전 시놉시스 기획

가장 먼저 할 일은 자서전의 주인공과 깊이 있는 인터뷰다. 그분의 삶에서 가장 빛나거나 중요했던 순간, 즉 '연가곡'의 각 곡이 될 '장면(Scene)'들을 수집해야 한다. 이때 우리는 1인칭 시점(아버지가 직접 말하는)과 3인칭 관찰자 시점(자녀인 내가 아버지를 바라보는)으로 가사를 쓸 수도 있고, 두 시점을 혼합하여 연가곡을 훨씬 입체적으로 만들 수도 있다. 자서전의 주인공이 될 인물이 살아있지 않다면 주변 인물들을 인터뷰하거나 사진, 일기, 편지 등의 자료를 수집한다.

수집된 정보를 바탕으로, 이제 앨범의 전체 구성을 기획한다. 다음 예는 '별'이라는 모티브를 활용해 앨범의 청사진을 그린 것이다.

• 제1곡. 새벽별: 아버지가 학비를 벌기 위해 샛별을 보며 일을 하면서 내일의 희망을 노래(1인칭).

• 제2곡. 그 겨울 크리스마스, 반짝이던 별: 어머니와 연애 시절, 크리스마스트리의 반짝이는 별을 보며 사랑의 기쁨을 노래(1인칭).

• 제3곡. 샛별 같은 눈동자: 아기의 샛별 같은 눈동자를 보며 행복을 노래(1인칭).

• 제4곡. 아르빌의 사막 별: 군의관으로 파병된 이라크 아르빌, 사막의 별을 보며 전쟁의 두려움과 가족의 그리움을 표현(연주곡).

• 제5곡. 아버지 눈에 맺힌 별: 크리스마스 날, 아버지가 먼저 세상을 떠난 어머니를 그리워함(3인칭 관찰자).

2단계: 가사 및 음악 구상

학생들은 1단계 기획안을 바탕으로 AI를 '작사 보조'로 활용하여 1, 2, 3곡(1인칭), 5곡(3인칭)의 가사를 완성한다. 동시에, 자서전 앨범 전체를 하나의 드라마로 구성하기 위해 5곡 전체를 관통할 3가지 음악적 모티브를 다음 예시와 같이 설계한다.

• 아버지의 '라이트모티브'(조용필 '꿈'): 1곡(원형) → 4곡 B파트(변형).

• 어머니와의 '추억의 모티브'(크리스마스 캐럴): 2곡(원형) → 5곡(재현).

• '나'의 '고정 악상'(왈츠 리듬의 창작곡): 3곡(원형) → 4곡 A파트(변형).

3단계: 음악적 씨앗 준비 및 작곡

그분의 삶에서 가장 빛나거나 중요했던 순간을 이제 앞 장에서 사용법을 배운 GAUDIO STUDIO와 SUNO의 기능을 활용하여 다음 예시와 같이 작곡한다.

제1곡. 새벽별

'씨앗' 준비: '아버지의 라이트모티브'로 쓸 조용필의 '꿈' 원곡을 GAUDIO에 업로드한다. '스템 분리'를 실행하여, 4~8마디의 핵심 '보컬 멜로디'만 추출해 파일로 내보낸다.

작곡(SUNO): 1에서 추출한 '씨앗'을 SUNO에 업로드한다. 1곡 가사를 입력하고, 스타일 프롬프트를 입력한다. 예) "1980s Orchestral rock ballad, young passionate male vocal, hopeful"

제2곡. 그 겨울 크리스마스, 반짝이던 별

'씨앗' 준비: '추억의 모티브'로 쓸 "Have Yourself a Merry Little Christmas" 음원을 준비한다.

작곡(SUNO): 1의 '씨앗'을 SUNO에 업로드한다. 2곡 가사를 입력하고, 행복한 감정을 표현하기 위한 스타일 프롬프트를 쓴다. 예) "Up-tempo, cheerful christmas pop, joyful, bright"

제3곡. 샛별 같은 눈동자(고정 악상 원형)

'씨앗' 준비: 학생이 '아기인 나'를 상징하는 왈츠 리듬의 8마디 멜로디(이하 W)를 허밍이나 악기로 직접 녹음한다. W는 4곡에서 고정 악상이 된다.

전처리: W가 잡음이 있으면 녹음본을 GAUDIO에 업로드하여 '노이즈 제거'로 다듬는다.
작곡: W의 깨끗한 '씨앗'을 SUNO에 업로드한다. 3곡 가사를 입력하고, 스타일 프롬프트를 입력한다. 예) "Waltz rhythm lullaby, gentle female vocal, music box, clear."

제4곡. 아르빌의 사막 별
이 곡은 A-B 형식의 연주곡으로, 두 개의 변형된 모티브가 사용된다.
[파트 A: 그리움] (고정 악상 W 변형)
'씨앗' 변형: 고정 악상 W를 Gaudio의 '템포(Tempo)' 기능을 사용해 속도를 1.5배 느리게(0.66x) 조절한다. 이 느려진 씨앗 'Slow W'을 파일로 내보낸다.
작곡: 'Slow W'를 SUNO에 업로드한다. 기악곡을 생성할 것이므로 가사는 비워두고, 스타일 프롬프트를 입력한다. 예) "Slow sad ballad, instrumental, lonely cello, based on uploaded melody"를 입력한다.
[파트 B: 두려움/희망] (라이트모티브 변형)
'씨앗' 준비: [제1곡]에서 사용한 조용필 '꿈' 멜로디 '씨앗'을 그대로 가져온다.
작곡(SUNO): 이 '씨앗'을 SUNO에 업로드한다. 가사는 비워

두고, 스타일 프롬프트에 "Rough, Tense, distorted guitar, military drum, gunshot sound effect, dark"를 입력한다.
편집(GAUDIO): A파트와 B파트에서 생성된 음원을 GAUDIO 타임라인에 올려놓고, 자연스럽게 이어 붙여 4곡 연주곡을 완성한다.

제5곡. 아버지 눈에 맺힌 별
'씨앗' 준비: [제2곡]에서 사용한 '추억의 씨앗'("Have Yourself a Merry Little Christmas")을 그대로 가져온다.
작곡: 1의 '씨앗'을 SUNO에 업로드한다. 5곡의 3인칭 관찰자 가사를 입력하고, 스타일 프롬프트를 입력한다. 예) "Slow Blues, sad, nostalgic, lonely electric guitar, baritone vocal"을 입력한다.

4단계: 사진과 함께 제출

완성된 5곡의 노래를 자서전의 주인공의 사진과 함께 제출한다. 적당한 사진이 없으면 AI 이미지 생성 도구를 이용해서 자화상으로 그려 제출할 수도 있고, 다양한 아이디어를 사용해서 5곡의 이미지를 하나의 앨범 커버로 만들어서 제출한다.

창작 과정과 AI 협업 과정을 정리한 보고서를 함께 제출한다. 보고서에는 연가곡 기획 의도(시놉시스), 모티브 설계 근거, 각 곡의 프롬프트를 반영했는지(혹은 반영하지 못했는지)에 대한 분석을 포함한다.

5단계: 평가

이 프로젝트는 결과보다 창작의 과정에 무게를 둔다. 특히 자서전 주인공의 인생 서사를 문학과 음악으로 그려낸 예술성을 가장 중요한 평가 기준으로 삼는다. 또한 AI를 효과적으로 제어하여 자신의 음악적 아이디어를 얼마나 충실히 구체화했는가를 면밀히 살핀다. 타인의 생애에 깊이 공감하고, 이를 한 편의 뮤직 드라마(Musikdrama)로 표현하려 노력한 학습자의 사유와 기술적인 구현을 위한 고민에 가장 높은 가치를 부여한다.

양은영

포항공과대학교에서 예술·인문·경영·기술을 아우르는 융합 교육과 연구를 실천해 왔다. AI·XR 기반 교육을 선도하여 포스텍 교수·학습 우수 사례 장려상과 아시아교육협회 디지털교육 협회장상을 수상했다. 서울대 성악과 졸업 후 남가주대 석사, 일리노이대에서 음악 박사학위를 취득하고 한국과 유럽·미국·일본에서 콘서트와 오페라에 출연했다. 이후 홍익대에서 경영학 박사학위를 취득했으며, 국내외 주요 저널(KCI, SCI, SCOPUS)에 다학제간 융합 연구를 발표했다. 또한 학교폭력 예방 뮤지컬 연구, KOPIS 빅데이터 연구, 기술 입은 문화예술 교육 플랫폼 연구, VR 콘텐츠 개발, 고등교육 AI 코스웨어 개발 사업 등 다수의 융합 연구 과제를 수행해 왔다.

양혜원

작곡가이자 교육자로 활동하며 예술과 기술, 교육의 경계를 확장하는 연구와 창작을 이어오고 있다. 현재 비트앤비트 대표로 AI·XR 기술을 활용한 예술 교육 콘텐츠와 도구를 연구·개발하고 있다. 경원대 음대 작곡과 졸업 후, 이화여대 음악공학 석사, 성균관대 예술학협동과정에서 예술학 박사를 취득하며 학제간 관점에서 예술과 기술을 아우르는 〈소닉파이를 활용한 음악 코딩 프로그램 개발〉과 《스크래치 코딩 뮤직 배우기》 등 다수의 논문과 저서를 발표했다. 작곡가로서는 〈바람·땅·물〉, 〈비행〉 등 알고리즘 작곡 기반의 전자음악 작품을 선보였으며, 생성형 AI와 알고리즘 작곡 기법을 결합한 사운드-비주얼 미디어 아트 〈Forest Lake〉 전시를 하며 예술과 기술의 새로운 표현 가능성을 끊임없이 모색하고 있다.